Empoderado para Liderar

Aprendizaje por medio de
Videos para Facilitadores de Células

I0149118

Joel Comiskey

JOEL COMISKEY
GROUP OFRECIENDO RECURSOS A LA IGLESIA CELULAR EN TODO EL MUNDO

Publicado por CCS Publishing
23890 Brittlebush Circle
Moreno Valley, CA 92557 USA
1-888-511-9995

Diseño del cubierto por Jason Klanderud

ISBN: 978-1-950069-10-1

CCS Publishing es el editorial de Joel Comiskey Group, un ministerio para ofrecer recursos, asesoramiento, y equipar a los líderes en el ministerio celular.

Se puede encontrarnos en: www.joelcomiskeygroup.com/es/

CONTENIDO

Más allá del nombre de la célula

VIDEO DE YOUTUBE ▶

https://youtu.be/2q4-r4Tu7O4

U n tema que causa confusión entre las iglesias es el nombre del grupo. Algunos se resisten al uso de la palabra «célula» por sonar demasiado como un grupo comunista. A otros no les gusta el nombre «grupo pequeño» porque suena muy genérico, como todos los grupos pequeños en la iglesia, ya sea de la escuela domini-cal, el coro, el grupo de ancianos, etc. Otros nombran

1

sus grupos: *Grupos de Vida, Grupos de Corazón, Grupos de Comunidad, etc.*

Permítanme aclarar algo: el nombre del grupo no es tan importante como la definición del grupo. La definición siempre triunfa sobre el nombre. La mayoría de las personas en todo el mundo llaman a sus grupos «células» porque este fue el nombre escogido por David Cho, el pastor de la iglesia más grande en la historia del Cristianismo. Cho creía que las células fueron la clave tras su crecimiento (25,000 células y 250,000 personas en asistencia). A Cho le gustó el nombre de *célula* pues es como un reflejo o analogía de las células en el cuerpo humano que constantemente estan replicándose, mientras siguen perteneciendo a un solo cuerpo.

Ya sea célula u otro nombre, creo que una definición de calidad podría ser el aspecto más importante del sistema de grupos pequeños. Si se falla aquí, toda la estructura puede fallar o volverse irrelevante. Por ejemplo, algunas iglesias definen sus grupos de manera tan amplia que pierden su valor. En otras palabras, si todo es un grupo pequeño, nada es un grupo.

Al investigar las iglesias celulares en todo el mundo, he hecho la siguiente definición para describir lo que veía: *Las células son grupos pequeños de 3 a 15 personas que se reúnen semanalmente fuera del edificio de la iglesia con el propósito de evangelizar, tener comunidad y crecer espiritualmente con la meta de hacer discípulos que hacen discípulos que resulta en la multiplicación de la célula.*

Veamos esto paso a paso:

3 a 15 personas. Estamos hablando de grupos pequeños, no de grupos grandes. Los expertos en grupos pequeños han concluido, que cuando el grupo supera las 15personas, se convierte en una congregación más impersonal. La persona tímida no tiene la libertad de hablar, solo los extrovertidos son lo suficientemente valientes para hablar con libertad.

Cuando digo de «3 a 15» estoy refiriéndome a los adultos, si el grupo tiene niños presentes eso es genial. Los niños generalmente están presentes durante la hora de rompehielos y la adoración, y luego van a otro cuarto para su propia lección y regresan y se unen a los adultos al final. En mi libro *Niños en el Ministerio Celular* hablo sobre los principios para ministrar a los niños en las células.

Por otro lado, cuando hay menos de tres personas, no es un grupo pequeño. Ralph Neighbour dijo una vez: «La comunidad comienza con 3 y termina con 15». Neighbour tiene la Trinidad en mente cuando habla así. Una reunión de dos personas tiene más que ver con asesoramiento, mentoría, o entrenamiento.

Debemos recordar también que las primeras iglesias en casas eran pequeñas. En mi investigación de las iglesias del Nuevo Testamento, noté que el tamaño normal era más o menos 10 personas. A veces, como en el caso del Aposento Alto, en Hechos 2, podemos notar casas grandes, pero esta fue la excepción, no la regla. La mayoría de las casas en aquel entonces eran apartamentos que se encontraban en áreas muy pobladas y pobres de las ciudades del tiempo y la geografía del Nuevo Testamento.

Semanalmente. La definición también habla de grupos semanales. Soy un gran promotor de pequeños grupos semanales. Obviamente, no todos los miembros estarán allí cada semana, pero al menos existe la posibilidad de que estén presentes. Si el grupo se reúne cada dos semanas y la persona falla una vez, solo estarán allí una vez al mes. Los grupos mensuales son aún peores. Jim Egli y Dwight Marable investigaron este aspecto de la frecuencia y descubrieron que los grupos pequeños semanales tenían mucha más salud.

Fuera del edificio. Los grupos pequeños son una estrategia para llegar hasta donde la gente vive, no un evento para esperar que venga. El edificio tiene un lugar importante en la iglesia local. La gente escucha la palabra de Dios, adora y se puede recibir capacitación en el edificio. El edificio tiene su lugar, pero el concepto del ministerio de células es llevar la iglesia hasta donde la gente vive y trabaja. Normalmente, las células se reúnen en casas, pero este no es siempre el caso. Algunos grupos pueden reunirse en una universidad, un parque, garaje, o un restaurant.

Evangelizar. Los grupos celulares existen para otros, no son grupos cerrados. Nuevas personas aportan vitalidad al grupo. En nuestro libro *Células Exitosas,* Jim Egli y yo compartimos el resultado de nuestra investigación a 1800 líderes en cuatro idiomas. Encontramos que en las células evangelizadoras los miembros eran más profundos en cuanto a la transparencia. Los grupos cerrados, por otro lado, no tenían la misma calidad de honestidad. Y, por supuesto, las células en la iglesia primitiva estaban orientadas a alcanzar un mundo perdido para Jesús.

Tener comunidad. Todos necesitan participar en una familia espiritual. Sentarse en un banco el domingo para escuchar una predica es simplemente insuficiente. Necesitamos ser conocidos por otros miembros del Cuerpo de Cristo. Muchos hoy están buscando una verdadera comunidad y no la encuentran en la iglesia convencional. También hemos descubierto que las células que son más íntimas tienen un alcance mucho mayor.

Crecer espiritualmente. Los miembros de las células deben disfrutarse el uno al otro. A la vez, el propósito de la célula es más allá de solo la diversión y felicidad de los miembros. Hay rendición de cuentas espiritual y un énfasis marcado en la transformación hacia la imagen de Jesucristo. Como dice en Hebreos 10:24-25, «Considerémonos los unos a los otros para estimularnos al amor y a las buenas obras. No dejemos de congregarnos, como algunos tienen por costumbre; más bien, exhortémonos, y con mayor razón cuando veis que el día se acerca».

Con la meta de hacer discípulos que hacen discípulos. El propósito principal de la célula es hacer discípulos que hacen otros discípulos. Jesús le dio a sus discípulos la gran comisión: hacer discípulos. Cristo dijo, «Por tanto, id y haced discípulos a todas las naciones, bautizándoles en el nombre del Padre, del Hijo y del Espíritu Santo» (Mateo 28:18-19). Cristo escogió el grupo pequeño para formar sus propios discípulos y la iglesia primitiva siguió este patrón. Debemos hacer lo mismo.

Qué resulta en la multiplicación. Por muchos años pensé que la meta principal del grupo era la multiplicación. Bajo este pensamiento, multiplicaba grupos rápido sin pensar mucho en la salud del grupo. He cambiado mi forma de pensar. Entiendo ahora que la meta que debe guiar a la célula es hacer discípulos. El resultado es la multiplicación. No debemos multiplicar los grupos celulares hasta que se formen discípulos y estén listos para comenzar nuevas familias espirituales. De lo contrario, podríamos publicar grandes números un año, pero veríamos como se cierran los grupos el próximo año.

Los nombres de las células no son tan importantes como la definición. Los nombres como *Grupos de vida, grupos pequeños, células,* o cualquier otro nombre pueden funcionar. A la vez, no debemos minimizar o pasar por alto la definición del grupo. La célula es el corazón de la iglesia. Las células saludables forman la base de las iglesias celulares y para asegurar esta salud, debemos empezar con una definición de calidad.

Preguntas para reflexión

¿Cuál fue el principio central que aprendiste de esta lección?

¿Cómo te ayudará esta lección a cambiar el orden de tu célula actual?

¿Qué es lo que harás diferente la próxima semana?

Recursos sugeridos

Libros

- *Recoged la Cosecha: Cómo organizar un sistema celular para el crecimiento de su iglesia (Capítulo 7).*
- *Mitos y Verdades de la Iglesia Celular: Principios Claves que Construyen o Destruyen un Ministerio Celular (Capítulo 6).*
- *De 12 a 3: Cómo aplicar los principios de G12 en su iglesia (Capítulo 2).*

Artículos en Internet (https://joelcomiskeygroup.com/es/recursos/)

¿Qué es una Célula?
Las células claramente definidas hacen más y mejores discípulos

Lo bueno y lo mejor: células en línea versus reunión en persona
La Iglesia de al Lado
Cada casa, una iglesia; todo cristiano, un ministro
Células Fuera del Templo
El Éxito A Largo Plazo Contra el Éxito A Corto Plazo
Célula Como La Iglesia

Descargar este PowerPoint

PowerPoint de Joel Comiskey sobre esta lección:

https://www.dropbox.com/s/jf8jypyxhgo6a6y/leccion1-definicion.pptx?dl=0

LECCIÓN 2

El orden de la reunión

VIDEO DE YOUTUBE ▶

https://youtu.be/wKDTnQPXI_Y

Recuerdo que hablando con una líder que había multiplicado su grupo muchas veces, me dijo: «Joel, me gusta variar el orden de la célula cada semana para crear más expectativa».

Y la verdad es que debemos permitir que el Espíritu Santo pueda cambiar el orden en cualquier momento, sin embargo, es importante estar preparado para la reunión en vez de dirigir sin preparación. Mi orden favorito es el siguiente:

Bienvenida. Un rompehielos. Toma aproximadamente 15 minutos.

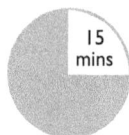

15 mins

Adoración. Entrar en la presencia de Jesús. Toma aproximadamente 20 minutos.

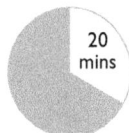

20 mins

La Palabra (Biblia). Dios hablando directamente a nuestra vida. Toma aproximadamente 40 minutos.

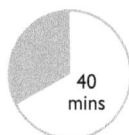

40 mins

Compartir la visión. Orar por los inconversos y planificar maneras para alcanzarlos. Toma aproximadamente 15 minutos.

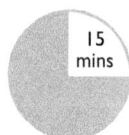

15 mins

Una célula normal tiene una duración aproximada de una hora y media. En algunas iglesias, solo toma una hora, pero creo que una hora y media es excelente. Debemos tener cuidado de no molestar al anfitrión y la verdad es que la célula continúa semana tras semana y la meta es que la gente regrese cada semana.

Voy a explicar en más detalle cada parte de la célula:

La bienvenida. El enfoque es romper el hielo. Por ejemplo: ¿Cuando tenías entre 7-12 años, donde viviste y quién era la persona más cercana a ti (mejor amigo)? Recientemente en mi célula el rompehielos fue: ¿Cuál fue tu deporte favorito cuando joven y dinos un tiempo difícil que hayas experimentado jugando ese deporte? Un error común es convertir el rompehielos en un examen de conocimiento bíblico. Cuando una persona no sabe cómo responder con la respuesta «correcta» se avergüenza.

La Adoración. La meta del tiempo de adoración es entrar en la presencia de Jesucristo. Hoy día hay muchas herramientas para adorar, como Youtube. Se puede invitar a Hillsong o a Marcos Witt a tu sala, y aun tener las letras de sus canciones. Si hay un guitarrista ¡qué bueno! Pero es importante que cada persona pueda ver las letras en una pantalla o una hoja impresa. Y sabemos que la adoración no es solo cantar, se puede adorar a través de leer una porción de la Biblia, tener un momento de silencio, y ofrecer alabanzas cortas a Dios.

La Palabra (Biblia). Me gusta basar la lección celular en el sermón del pastor. O sea, el pastor predica sobre un pasaje y las células siguen este pasaje la próxima semana. Durante la lección celular es importante no decir: «el pastor dijo», sino, «la palabra de Dios dice». Recomiendo tres preguntas muy sencillas:

1. ¿Qué dice este pasaje? (el contexto)
2. ¿Qué me esta diciendo a mí este pasaje?
3. ¿Cómo puedo aplicar este pasaje en la próxima semana?

El enfoque no es la información, sino la transformación.

Compartir la Visión. Muchos grupos ponen una silla vacía en medio del grupo y oran por la persona que va a sentarse allí en el futuro. O el grupo puede planificar un tiempo de alcance para los que no conozcan a Jesucristo. La idea es pensar en cómo alcanzar a otros.

Después de la reunión, muchos grupos invierten 30 minutos en un refrigerio, pero es importante estar sensible, y el anfitrión también, a los que tengan que salir.

El orden del grupo debe poseer flexibilidad, pero a la vez es esencial tener un plan.

Preguntas para Reflexión

¿Cuál fue el principio central que aprendiste de esta
lección?

¿Cómo te ayudará esta lección a cambiar el orden de
tu célula actual?

¿Qué es lo que harás diferente la próxima semana?

Recursos sugeridos

Libros

- Dirige: Guía un Grupo Pequeño a
  Experimentar a Cristo (Lección 1)
- Facilita: Como Dirigir una Célula Exitosa
  (Lección 2)
- Cómo Dirigir un Grupo Celular con
  Éxito: Para Que la Gente Desee Regresar
  (Capítulo 2)

Artículos en Internet
(https://joelcomiskeygroup.com/es/recursos/)

La Agenda de Reuniones de un Grupo Pequeño
Exitoso
El Orden de la Célula: Flexibildad al Espíritu
Santo
Cómo Preparar Buenas Preguntas

Material para Preparar una Lección Excelente
Estudios Bíblicos Basados en el Sermón del
  Domingo del Pastor
Transformación a través de la Lección
Aplicar la Palabra de Dios
Lecciones Efectivas
Grupo de Vida en Bangkok

Descargar este PowerPoint

PowerPoint de Joel Comiskey sobre esta lección:

https://www.dropbox.com/s/47wj664n8inqvcb/
leccion2-ordenCelular.pptx?dl=0

LECCIÓN 3

Edificación: la esencia del ministerio de las células

VIDEO DE YOUTUBE ▶

https://youtu.be/wjwue2q8lrE

Hace varios años, como supervisor, visité una célula dirigida por Mirna. Ella normalmente seguía el orden común de la célula pero esta noche varió la adoración. Mirna le pidió a cada miembro que escogiera su canción favorita.

Teresa, uno de los miembros, eligió *Renuévame, Señor Jesús* de Marcos Witt. Después de cantarla,

Mirna le preguntó a Teresa: —¿Por qué elegiste esa canción?—. Teresa empezó a llorar diciendo: —Acabo de descubrir que mi esposo está saliendo con otra mujer, necesito renovación—.

Mirna, dirigida por el Espíritu Santo, dejó el orden normal del grupo para orar por Teresa. Todos los miembros hicieron un círculo alrededor de Teresa y empezaron a orar por ella. Varias personas clamaron a Dios por su situación. Luego Mirna le dio a Teresa el tiempo necesario para compartir su dolor.

La célula se convirtió en una familia para Teresa. Visité ese grupo celular un año después y Teresa todavía estaba allí. Teresa había encontrado una nueva familia en esta célula. Su esposo la dejó, pero el grupo celular la ayudó a llenar el vacío profundo en su corazón.

A veces podemos preocuparnos demasiado por seguir un orden en particular en la célula. La realidad, sin embargo, es que el enfoque más importante de la célula debe estar en las personas presentes. Ministrar a las necesidades es más importante que seguir un orden en particular.

La palabra *edificación* describe este proceso. Edificación en el griego es *oikodomeo*. Literalmente, esta palabra significa *reconstruir*, y la reconstrucción o transformación debe ser el enfoque principal en el grupo celular. *Oikodemo* viene de la palabra griega *oikos* que significa casa u hogar. Los *oikos* en los tiempos del Nuevo Testamento incluían miembros de la familia, primos e incluso empleados o sirvientes. Las iglesias en las casas se centraron principalmente en la transformación o *oikodeomeo* de cada persona. Y nosotros hoy día debemos hacer lo mismo.

En otra ocasión en mi propia célula, Francisco y Kathy llegaron angustiados. Les habían robado a punta de pistola y estaban llenos de miedo e incertidumbre. Esa noche el grupo celular se centró en Francisco y Kathy. Los escuchamos, oramos por ellos, algunas personas ofrecieron palabras de ánimo. Francisco y Kathy necesitaban relajarse, necesitaban una familia espiritual para cuidarlos y satisfacer sus necesidades. Podríamos haber seguido obedientemente nuestro orden de la reunión esa noche, pero Francisco y Kathy se convirtieron en nuestro orden.

Sí, es importante tener un plan, pero más importante que el orden de la célula es la reconstrucción de la vida de los miembros. A veces, los líderes pueden desanimarse cuando no hay muchas personas en la célula o cuando los invitados no llegan, sin embargo, si recuerdan que *oikodomeo* es el objetivo, podemos tener una nueva confianza para ministrar a los que sí están. Incluso he descubierto que a veces un número menor puede ser una bendición, porque permite una ministración más íntima y profunda en los que están presentes.

Preguntas para Reflexión

¿Cuál fue el principio central que aprendiste de esta lección?

¿Describe el nivel de *oikodomeo* en tu grupo?

¿Qué debes hacer diferente para ministrar a los miembros?

Recursos sugeridos

Libros

- *El Grupo Celular Lleno del Espíritu: Haz Que Tu Grupo Experimente los Dones Espirituales (Capítulo 4)*
- *Facilita: Como Dirigir una Célula Exitosa (Lecciones 5 y 7)*
- *Cómo Dirigir un Grupo Celular con Éxito: Para Que la Gente Desee Regresar (Capítulos 4 y 7)*

Artículos en Internet
(https://joelcomiskeygroup.com/es/recursos/)

Cómo Ser un Gran Miembro en la Célula
Transformación a través de la Lección
La Prioridad de Ministrarse Unos al Otro
Aplicar la Palabra de Dios
Oikos: La Transformación
Discipulado: Crecimiento por Relaciones
Evangelismo de Santidad
Evangelismo: Equilibrio entre Evangelismo y
    Comunidad
Cómo la Oración Intercesora Puede Revolucionar
    su Grupo Pequeño
El Discipulado a través de la Comunidad

Descargar este PowerPoint

PowerPoint de Joel Comiskey sobre esta lección:

https://www.dropbox.com/s/y7umb0xrt9bn2q9/
leccion3-edificacion.pptx?dl=0

La mejor lección para usar en la célula

VIDEO DE YOUTUBE ▶

https://youtu.be/9qC7zDcUdy0

U na de las preguntas más comunes que me formulan es ¿Cuál es la mejor lección para usar en la célula?

Mi respuesta es que me gusta preparar una lección basada en el sermón del pastor y aplicarla la semana siguiente en la célula.

A la vez, les digo a los líderes que no mencionen que lo dijo el pastor, sino que lo dice la Biblia. La bendición de seguir el sermón del pastor es que mantiene una doctrina sistemática. También el pastor tiene la confianza en que los miembros van a aplicar el pasaje predicado en sus células durante la semana. Sin embargo, eso todavía no responde a la pregunta sobre la lección en sí, y aquí es donde he encontrado dificultades. Aunque la lección se basa en el sermón del pastor, a menudo las preguntas de la lección no funcionan. Aunque el pastor, o el asistente del pastor, prepara las preguntas -quizá 3 a 7- a menudo los líderes celulares no adaptan las preguntas a su situación.

He enseñado mucho sobre este tema por años y he intentado en mis libros explicar a los líderes la diferencia entre la observación, la interpretación y las preguntas de aplicación. Sin embargo, es normal que el líder tenga prisa en la preparación de la lección y no adapta las preguntas. ¿El resultado? Se estancan los grupos con preguntas que no generan aplicación y transformación.

Sin embargo, en los últimos años, hemos estado experimentando con tres preguntas simples que han dado nueva vida a nuestro grupo y a muchos otros. Son muy simples:

1. ¿Qué dice el pasaje?
2. ¿Qué está diciendo Dios a mi vida a través de este pasaje?

3. ¿Cómo puedo aplicar este pasaje en mi vida la semana siguiente?

Con la pregunta ¿qué dice el pasaje?, solo estamos tratando de averiguar qué dice el texto. La tendencia en las células es la de tratar de aplicar el pasaje inmediatamente, sin entender el contexto. Para aplicar la Biblia correctamente primero debemos entender lo que los autores estaban diciendo a los oyentes en aquel entonces. Dios ha inspirado la Biblia y la ha dejado clara y comprensible y el Espíritu Santo es capaz de interpretar la Biblia a nuestras vidas.

La segunda pregunta ¿Qué me está diciendo Dios a través de este pasaje? Es más personal. Aquí los miembros están tratando de descubrir lo que Dios está diciendo personalmente a sus vidas.

Luego, la tercera pregunta es más sobre la aplicación durante la semana: ¿Cómo se puede aplicar estos versículos durante la semana?

Ahora pensamos más profundamente en cada pregunta.

Los líderes empiezan con leer el pasaje, o mejor dicho, pedir que otro miembro lo lea. Luego lanzan la primera pregunta. ¿Qué dice este pasaje? Pero antes de escuchar a los miembros contestarla, pídales a todos que tengan un momento de silencio.

Después del silencio, pida a los miembros que respondan la primera pregunta. Después de escuchar a algunas personas, lea el pasaje nuevamente y haga la pregunta ¿qué le está diciendo Dios a tu vida por medio de este pasaje? Pero antes de que la gente responda, tenga otro momento de silencio. Es importante que todos estén meditando en la Escritura y su respuesta. Me gusta cuando el líder dice: «Comencemos con aquellos que no respondieron la primera pregunta». Luego, algunos miembros comparten.

Después de un rato, alguien puede leer el pasaje nuevamente, y se hace la tercera pregunta, ¿Cómo vas a aplicar este pasaje durante la próxima semana? Antes de hablar sobre ello, tome otro período de silencio.

El objetivo del facilitador es asegurarse de que todos puedan participar sin obligar a nadie a hacerlo.

Con este método, hemos dado confianza a muchos para dirigir la lección y más que todo, hemos visto la transformación en nuestros grupos. Este método es simple y ayuda a todos a centrarse en la transformación en lugar de la información.

Preguntas para Reflexión

¿Cuál fue el principio central que aprendiste de esta lección?

¿Qué material estás usando durante la lección de la célula?

¿Cómo esta lección va a cambiar las preguntas que se usan en tu célula?

Recursos sugeridos

Libros

- *Cómo Dirigir un Grupo Celular con Éxito: Para Que la Gente Desee Regresar (Capítulo 5)*
- *Facilita: Como Dirigir una Célula Exitosa (Lección 5)*
- *Dirige: Guía un Grupo Pequeño a Experimentar a Cristo (Lección 2)*

Artículos en Internet (https://joelcomiskeygroup.com/es/recursos/)

Cómo Preparar Buenas Preguntas
Material para Preparar una Lección Excelente
Estudios Bíblicos Basados en el Sermón del Domingo del Pastor

Lecciones Efectivas
La Lección: Una Historia
La lección: Claves en la Preparación de la Lección
La lección: Prepararse a Si Mismo
La lección: Preparar la Lección
La lección: Ofrecer un Resumen
La Lección: Planificación Flexible

Descargar este PowerPoint

PowerPoint de Joel Comiskey sobre esta lección:

https://www.dropbox.com/s/ p00xg5v3n0wvz6o/leccion4-leccionCelular. pptx?dl=0

LECCIÓN 5

Las características de los líderes: lleno del Espíritu, facilitador, pronto a escuchar

WATCH THIS VIDEO ▶

https://youtu.be/fS_VkprPzY0

Dirigir una célula exitosa no es fácil, de hecho, los líderes efectivos muestran ciertas características claves. La carácterística número uno en la lista es la llenura del Espíritu.

La llenura del Espíritu Santo

La realidad es que es imposible saber de antemano lo que va a pasar en la reunión de la célula. Tal vez un bebé comenzará a llorar, un perro podría ladrar o el líder podría olvidar las preguntas. Hay tantas situaciones, problemas y circunstancias. Sin embargo, el líder que está lleno del Espíritu Santo tendrá sabiduría para continuar adelante. El Espíritu ayudará al líder a guiar la reunión. De hecho, Jesús dijo que iba a mandar al Espíritu Santo para guiar a los creyentes a toda la verdad (Juan 14:16).

Constantemente les digo a los líderes celulares que dejen de enfocarse excesivamente en la lección, la limpieza de la casa, o llamar a los invitados. Lo más importante es la llenura del Espíritu Santo. Pasar tiempo con el Dios del universo es el trabajo más importante para el líder celular. Exhorto a los líderes a que pasen al menos 15 minutos y tal vez 30 minutos antes de la célula, pidiéndole a Dios que los llene, Él lo hará.

Pero hay otro aspecto importante. Los líderes llenos del Espíritu Santo son facilitadores.

Facilitar

Los mejores líderes de células son los facilitadores. La palabra *líder* a menudo connota a alguien que domina a otros. Pero la palabra *facilitar* significa empoderar, guiar, ayudar a alguien.

Recuerde que el objetivo del grupo es hacer discípulos que hagan discípulos. Esto significa que debemos permitir que las personas se equivoquen. A través de las equivocaciones los facilitadores aprenden cómo mejorar, no aprenden sentados y escuchando, por lo tanto, la participación es esencial.

Para maximizar la facilitación, es esencial organizar las sillas en un círculo para que las personas puedan hablar entre ellas. Nadie debería esconderse detrás de otra persona, como sentarse en filas, escuchando al predicador. Todos deben estar cara a cara, hablando directamente unos a otros.

Escuchar

Los mejores facilitadores escuchan atentamente a todos en el grupo y les enseñan a los miembros a hacer lo mismo. La Biblia dice: «Sabed, mis amados hermanos: Todo hombre sea pronto para oír, lento para hablar y lento para la ira» (Santiago 1:19).

Y recuerde que escuchar no es solo oír las palabras, sino también los gestos y señales no verbales. Los expertos dicen que entre el 70% y el 90% de la comunicación no es verbal. Los facilitadores efectivos escuchan lo que no se dice. Reconocen cuándo una persona quiere decir algo o cuando otros en el grupo manifiestan confusión por algo que se dijo. El facilitador también se está comunicando de manera no verbal por sus reacciones. De hecho, si el facilitador está cansado de un día difícil de trabajo, recomiendo que se lo diga a los miembros del grupo antes de que comience la reunión. El facilitador debe enseñar a los miembros a escuchar con atención. He notado que a menudo los miembros solo están preocupados por lo que van a decir en lugar de escuchar de manera proactiva lo que otros dicen. Las mejores células practican la escucha proactiva entre los miembros.

Preguntas para Reflexión

¿Cuál fue el principio central que aprendiste de esta lección?

¿De las tres características de facilitadores efectivos, cuál es la más importante para ti?

¿Cómo vas a aplicar los principios de esta lección en tu propio liderazgo?

Recursos sugeridos

Libros

- *El Grupo Celular Lleno del Espíritu: Haz Que Tu Grupo Experimente los Dones Espirituales (Capítulos 1, 2 y 4)*
- *Descubre: Usa Tus Dones y Ayuda a Otros a Encontrar los Suyos (Lección 1)*
- *Cómo Dirigir un Grupo Celular con Éxito: Para Que la Gente Desee Regresar (Capítulos 3 y 6)*

Artículos en Internet (https://joelcomiskeygroup.com/es/recursos/)

Cómo Cuidar a su Vida Espiritual Diariamente
La Vida Espiritual del Líder
Pidiendo a Dios que Se Ocupe de Nuestras Áreas Oscuras
Comenzando bien el año con Jesús
La Llenura del Espíritu Santo–¿Qué es?
La Llenura del Espíritu Santo–¿Cómo recibirlo?
Evitando errores comunes en los momentos de comunión con Dios
Los Cuatro Pecados del Liderazgo Celular
Salud del Líder: Medicina Preventiva
Salud del Líder: La Prioridad en la Familia
Salud del Líder: La Importancia del Descanso
Salud del Líder: Toma un Día de Descanso
Salud del Líder: Liderazgo a Largo Plazo

Cómo ser un Gran Líder Celular (Facilitador)
Dinámica: El Escuchar da la Sanidad
Deja de Hablar
Tu Puedes Escuchar Mejor

Descargar este PowerPoint

PowerPoint de Joel Comiskey sobre esta lección:

https://www.dropbox.com/s/83le0f7v08hecbr/
    leccion5-fillingSpiritFacilitateListening.
    pptx?dl=0

Las Características de los líderes: transparencia, animar, tratar con el hablador

WATCH THIS VIDEO ▶

https://youtu.be/_OedmeWcs94

La característica más importante del liderazgo de células es la llenura del Espíritu. El Espíritu Santo vino a esta tierra para guiar a los creyentes y darles sabiduría en todo lo que hacen.

A la vez, hay otras características esenciales para un liderazgo efectivo en grupos pequeños.

Transparencia

La célula no es solamente un estudio bíblico. Va más allá de la información. El enfoque es la transformación. Santiago dice: «Por tanto, confesaos unos a otros vuestros pecados, y orad unos por otros de manera que seáis sanados. La ferviente oración del justo, obrando eficazmente, puede mucho» (Santiago 5:16).

La célula es el lugar perfecto para compartir lo que está pasando realmente en la vida de cada persona. La transparencia debe comenzar con el líder. Si el líder siempre está tratando de impresionar o actuar de modo que se muestra en superioridad espiritual, los miembros no van a compartir con libertad. He estado en células donde los miembros intentaron compartir luchas y dolores profundos, pero no recibieron el aliento del líder.

He estado asistiendo y liderando células por muchos años. Para mí, la célula es el lugar perfecto para compartir lo que está pasando en mi vida. Trato de compartir abiertamente porque necesito a una familia espiritual. Cuando hablo abiertamente, animo a otros a compartir libremente también.

El intercambio transparente no se limita a solo compartir experiencias difíciles, también incluye hablar sobre las victorias y las grandes cosas que Dios está haciendo en nuestras vidas.

Animar a la gente

Cuando los miembros comparten lo que está pasando en sus vidas, se requiere coraje. Es esencial que reciban aliento cuando comparten.

Las respuestas a las preguntas no requieren solo una respuesta correcta. La célula no es un examen de secundaria. Más bien, es un lugar donde las personas pueden compartir libremente sobre lo que realmente está sucediendo en sus vidas.

Estaba en una célula donde el líder actuaba como si solo existiera una respuesta correcta. Cuando alguien compartió el líder dijo: —no es la respuesta correcta, pero te estás acercando—. Alguien más dijo algo y el líder le dio una respuesta similar: —casi, pero no has llegado—. Recuerdo que al final de la célula, nadie quería compartir. Los miembros no querían arriesgarse a ser criticados por el líder.

El enfoque principal de la célula es hacer discípulos que hacen discípulos. Para hacerlo de una manera efectiva, cada miembro debe tener la libertad de compartir lo que está pasando en su vida.

Tratar con el hablador

Si la célula se trata de hacer discípulos y crear un ambiente donde haya libertad para compartir, es importante que una persona no domine la reunión. Entonces ¿cómo silenciar a los que hablan demasiado?

Una manera común es decir al principio de la pregunta: «los que no han compartido tendrán la oportunidad de compartir».

Mi forma favorita es llamar a las personas por su nombre. —¿Qué te parece, María? ¿Y a ti, Juan?—. Pero no menciones a Tomás porque ya habló mucho.

Otra manera es sentarse al lado del hablador para no darle contacto visual.

Una forma más radical es aprovechar cuando el hablador hace una pausa, el líder dice: —¿Qué piensan los demás?—. ¡El problema con este enfoque es que a menudo Tomás no hace ni siquiera pausas!

Y, por supuesto, es bueno hablar directamente con Tomás (Mateo 18). Solo dile que el propósito del grupo es hacer que todos hablen. Incluso podrías pedirle que te ayude a lograr que otros hablen. Tal vez reciba la pista de que ha estado hablando mucho.

Las células efectivas practican la transparencia, animan a todos, y no permiten que una persona domine la reunión.

Preguntas para Reflexión

¿Cuál fue el principio central que aprendiste de esta lección?

¿De las tres características de facilitadores efectivos, cuál es la más importante para ti?

¿Cómo vas a aplicar los principios de esta lección en tu propio liderazgo? ¿Y en la célula?

Recursos sugeridos

Libros

- *Cómo Dirigir un Grupo Celular con Éxito: Para Que la Gente Desee Regresar (Capítulos 4 y 7)*
- *El Grupo Celular Lleno del Espíritu: Haz Que Tu Grupo Experimente los Dones Espirituales (Capítulo 4)*

Artículos en Internet
(https://joelcomiskeygroup.com/es/recursos/)

> *Transparencia: No Esconderse Detrás del Estudio Bíblico*
> *Transparencia en el Ministerio Celular*
> *Asesinos de Transparencia*
> *Transparencia: Liderando el Camino*
> *La Importancia de Animar a Otros*
> *Tomando el Siguiente Paso para Animar a Otros*
> *Dinámica: Tratando con los que hablan demasiado*

Descargar este PowerPoint

PowerPoint de Joel Comiskey sobre esta lección:

https://www.dropbox.com/s/7v5nhfgho5rm53k/ leccion6-transparenciaAnimarHablador. pptx?dl=0

LECCIÓN 7

Los dones en la célula: base bíblica, uso de los dones

VIDEO DE YOUTUBE ▶

https://youtu.be/tImfhWWIozU

H ablé con un amigo pastor quien me dijo: —Joel, necesitas explorar la relación entre células y los dones del Espíritu. La mayor parte de la literatura sobre los dones del Espíritu se centra en los ministerios de la iglesia o la celebración dominical—.

Había estado pensando en investigar esta área, sabiendo que los pasajes que hablan de los dones del Espíritu Santo en el Nuevo Testamento fueron escritos para las iglesias en casa. Cuando Pablo estaba escribiendo acerca de los dones del Espíritu en 1 Corintios 12:14, estaba escribiendo a los que se reunían en las iglesias en las casas. Lo mismo en su carta a los Romanos en el capítulo 12, cuando les escribe sobre los dones del Espíritu. La carta de Pablo a la iglesia de Efeso fue distribuida entre las iglesias en las casas. En esa carta Pablo habla de los dones del Espíritu (Efesios 4). Pedro es el otro apóstol que escribió sobre los dones del Espíritu, en 1 Pedro capítulo 4. Pedro también estaba pensando en los creyentes reunidos en iglesias en casas.

El ambiente de la iglesia en el hogar del Nuevo Testamento era el lugar perfecto tanto para descubrir los dones como para usar esos dones. La palabra *don* es la palabra griega *Carismata*. Viene de la palabra Griega *Caris*, o gracia. Los dones de Dios son la gracia de Dios dada a su iglesia.

He contado veintiún dones en el Nuevo Testamento, pero algunos autores agregan dones del Antiguo Testamento y describen unos veintisiete o veintiocho dones.

Solo los creyentes tienen dones. Cuando una persona nace de nuevo, recibe al menos un don, pero a menudo recibe más de uno. Creo que los dones son permanentes porque Pablo usa partes del cuerpo para describir los dones del Espíritu en 1 Corintios 12 y Romanos 12. Creo que Dios puede dar nuevos dones a cualquiera o incluso a un grupo de personas de acuerdo con las necesidades del momento. Dios es soberano y derrama su Espíritu y sus dones como lo considera conveniente.

Los talentos naturales son diferentes a los dones espirituales. Los cristianos y los no cristianos poseen talentos naturales que pueden desarrollarse con el tiempo. Alguien puede tener talento para arreglar autos, hacer muebles, o cocinar. Una persona puede ser una maestra talentosa en una escuela secundaria, pero eso no significa que tenga el don de enseñar. Bruce Bugbee realizó un estudio entre 10,000 cristianos para descubrir si había una conexión entre los dones espirituales y los talentos naturales. Llegó a la conclusión de que no había conexión.

Las responsabilidades cristianas también son distintas de los dones del Espíritu. Todos los creyentes están llamados a evangelizar, pero algunos tienen el don de evangelismo. Todos los creyentes deben servir a los demás, pero ciertos creyentes tienen el don del servicio. Todos los creyentes deben diezmar y dar ofrendas, pero algunos tienen el don de dar.

Algunos pastores no quieren hablar sobre los dones del Espíritu porque notan que su gente usa su don espiritual como una excusa para no cumplir con sus responsabilidades cristianas. Algunas de las excusas son: —No quiero ayudar a Juan a mudarse a una casa nueva. No tengo el don de ayuda—. —No voy a evangelizar con el grupo. No tengo el don de evangelismo—. La Biblia debe servir como nuestra guía en todo lo que hacemos, independientemente de los dones particulares de un creyente.

Muchos líderes de células están cargados porque no reconocen los dones de cada miembro. Estos líderes no le están pidiendo a los miembros que sirvan y usen sus dones. El líder piensa que debe hacer todo. Cuando el líder se da cuenta de que todos tienen al menos un don espiritual, el peso de tratar de hacer todo desaparece.

La célula es el lugar perfecto para descubrir los dones. Es un ambiente íntimo para que las personas experimenten con diversos dones.

Preguntas para Reflexión

¿Cuál fue el principio central que aprendiste de esta lección?

¿Cómo se usan los dones del Espíritu en su grupo? ¿Hay libertad?

¿Cuáles son los dones presentes en su Célula?

Recursos sugeridos

Libros

- *Descubre: Usa Tus Dones y Ayuda a Otros a Encontrar los Suyos (Lecciones 2, 3, 7 y 8)*
- *El Grupo Celular Lleno del Espíritu: Haz Que Tu Grupo Experimente los Dones Espirituales (Capítulos 5 y 6)*

Artículos en Internet
(https://joelcomiskeygroup.com/es/recursos/)

Las Células y los Dones del Espíritu
Los Dones Espirituales y la Iglesia Celular
Cómo Estimular el Uso de Los Dones
Crecimiento Mediante el Uso de Dones Espirituales
El Ambiente Celular y Los Dones
Los Peligros de los Dones del Espíritu Santo
Todos son Parte del Cuerpo

Descargar este PowerPoint

PowerPoint de Joel Comiskey sobre esta lección:

*https://www.dropbox.com/s/cibrznqbvkzf00c/
leccion7-donesBaseBiblicoUso.pptx?dl=0*

LECCIÓN 8

Los dones en la célula: variedad y aplicación

VIDEO DE YOUTUBE ▶

https://youtu.be/PnIWm5j6Nj0

C reo que los mejores líderes de células son llenos del Espíritu Santo. Estos líderes son los que han pasado tiempo con Jesús y luego guían al grupo bajo la dirección del Espíritu. Y las mejores células están llenas del Espíritu Santo. El Espíritu Santo controla al grupo y tiene la libertad de usar los dones que ha puesto en cada miembro.

Debemos recordar que el contexto del Nuevo Testamento para el uso de los dones espirituales fue el contexto de las iglesias en casa. Cada pasaje fue dirigido a los que se reunieron en el contexto de grupos pequeños. De acuerdo con 1 Pedro 4:10, cada miembro del cuerpo de Cristo tiene al menos un don espiritual. En este pasaje, Pedro dice: «Cada uno ponga al servicio de los demás el don que haya recibido, administrando fielmente la gracia de Dios en sus diversas formas». Entonces, la pregunta importante es ¿cómo sabemos el don que Dios nos ha dado?

Primero necesitamos saber cuáles son los dones. En el Nuevo Testamento, hay veintiún dones, aunque algunos escritores hablan de 27 o 28 dones, pero señalan dones del Antiguo Testamento. Entonces ¿cuáles son los 21 dones enumerados en el Nuevo Testamento?

Los dones de servicio

- Ayuda (1 Corintios 12:28)
- Servicio (Romanos 12: 7)
- Dar (Romanos 12: 8)
- Administración (1 Corintios 12:28)
- Misericordia (Romanos 12: 8)
- Fe (1 Corintios 12: 9)

Tengo la convicción que hay una gran cantidad de dones de ayuda y servicio en el cuerpo de Cristo. Christian Schwarz, un autor cristiano sobre los dones del Espíritu, también cree esto. Si los líderes de células entienden que hay miembros que quieren ayudar con sus dones, podrán aliviar la carga de liderar. De hecho, si los líderes no les dan algo que hacer, los miembros con estos dones van a estar desanimados.

La siguiente categoría generalmente se puede clasificar como los dones de capacitación.

Dones de capacitación

- Exhortación (Romanos 12: 8)
- Sabiduría (1 Corintios 12: 8)
- Conocimiento (1 Corintios 12: 8)
- Enseñanza (1 Corintios 12:28)
- Pastoreo (Efesios 4:11)
- Liderazgo (Romanos 12: 8)
- Apostolado (1 Corintios 12:28)
- Evangelismo (Efesios 4:11)

Los dones de capacitación fortalecen al pueblo de Dios para que crezca en madurez. Pablo dice que Dios ha levantado apóstoles, maestros y otros líderes «a fin de capacitar al pueblo de Dios para la obra de servicio, para edificar el cuerpo de Cristo.

De este modo, todos llegaremos a la unidad de la fe y del conocimiento del Hijo de Dios, a una humanidad perfecta que se conforme a la plena estatura de Cristo» (Efesios 4:12-13, NVI). Finalmente, podemos ver los dones de oración y adoración.

Dones de oración y adoración

* Profecía (1 Corintios 12:10)
* Lenguas (1 Corintios 12:10)
* Interpretación de lenguas (1 Corintios 12:10)
* Sanidad (1 Corintios 12: 9)
* Milagros (1 Corintios 12:10)
* Discernimiento de espíritus (1 Corintios 12:10)

Se puede notar que uno de los dones es el de lenguas. El don de lenguas es un don maravilloso para usar en el tiempo de oración como un lenguaje de oración personal. Pero cuando este don se usa públicamente, siempre debe ir acompañado con el don de interpretación de lenguas.

La Biblia nos dice que los dones siempre deben ejercerse en orden porque Dios es un Dios de orden. Pablo dice: «Porque Dios no es un Dios de desorden sino de paz» (1 Corintios 14: 33).

Conozco algunos pastores que no promueven el uso de los dones del Espíritu en las células porque tienen miedo al desorden. Creo que debemos enseñar a los líderes de células cómo usar los dones para que todo este en orden. Al mismo tiempo, he notado que muchas células están secas y aburridas porque hay poca expectativa. No se permite que el Espíritu Santo dirija a cada miembro de acuerdo con sus dones.

Hablo mucho de cada don y cómo se opera el don en el contexto de la célula en mi libro *Descubre* y en mi libro *El Grupo Lleno del Espíritu.*

Otra pregunta importante es ¿Cómo sabes qué don (es) te ha dado Dios?

Creo que la primera indicación es el deseo. ¿Qué te gusta hacer? ¿Te gusta aclarar pasajes de las Escrituras? Tal vez tienes el don de enseñar. ¿Te gusta ayudar a otras personas cuando hay una necesidad? Quizás tienes el don de ayuda o servicio ¿Te gusta recibir una Palabra del Señor? Quizás tienes el don de profecía

Otra forma de conocer tu don es la confirmación. Cuando uno tiene un don en particular, va a llevar fruto. Por ejemplo, si uno tiene el don de enseñanza, los demás van a entender las Escrituras mejor. Si uno tiene el don de evangelismo, más personas van a recibir a Cristo. El ambiente de la célula es perfecto para recibir confirmación. De hecho, los miembros pueden experimentar con diferentes dones sin tener miedo de equivocarse por el amor que existe en este ambiente.

Preguntas para Reflexión

¿Cuál fue el principio central que aprendiste de esta lección?

¿Cuál es el don que Dios te ha dado? ¿Cómo estás usándolo?

¿Cuáles son los dones que poseen otros miembros en tu célula? ¿Cómo están usándolos?

Recursos sugeridos

Libros

- *Descubre: Usa Tus Dones y Ayuda a Otros a Encontrar los Suyos (Lecciones 4-6)*
- *El Grupo Celular Lleno del Espíritu: Haz Que Tu Grupo Experimente los Dones Espirituales (Capítulos 7-9)*

Artículos en Internet (https://joelcomiskeygroup.com/es/recursos/)

El Don de Profecía en la Célula
Cómo el Poder de la Sanidad Puede Transformar
*   la Célula*
Integración: Decubir los Dones en una Célula

Descargar este PowerPoint

PowerPoint de Joel Comiskey sobre esta lección:

https://www.dropbox.com/s/acq73ercnrlejae/
leccion8-donesVariadadAplicacion.
pptx?dl=0

LECCIÓN 9

Evangelismo en la célula: base bíblica y efectividad

VIDEO DE YOUTUBE ▶

https://youtu.be/8WMxw4Y37ek

Tenemos un evangelio maravilloso. Jesucristo, el hijo de Dios descendió a esta tierra, vivió una vida perfecta, murió por nuestros pecados y resucitó. La Biblia nos dice que todo el que cree en Jesús tiene vida eterna (Juan 3:16). ¡Qué gran noticia!

Esa gran noticia tiene un trasfondo muy oscuro. Me refiero a la oscuridad de nuestro propio pecado.

Todos somos pecadores y ninguna cantidad de buenas obras sería suficiente para hacernos justos ante Dios. Dios solo nos aceptará si ponemos nuestra fe en Jesucristo, quien llevó nuestros pecados sobre sí mismo en la cruz. Cuando confiamos en Jesús, Dios nos da la justicia de Jesucristo. Nos volvemos justos y puros ante Dios. Necesitamos compartir esta buena noticia en cada oportunidad.

A menudo, cuando hablamos de evangelismo, pensamos en el evangelismo uno a uno, y sí, cualquier momento de evangelismo es excelente. Sin embargo, en el Nuevo Testamento, el tipo más común de evangelismo fue el evangelismo en grupo.

La cultura de la gente en el primer siglo era orientada al grupo. Cuando Jesús dijo a sus discípulos que los haría pescadores de hombres, no estaba pensando en enseñarles como pescar con una caña y sentarse en algún lago a pescar cada uno por su lado (Mateo 4:19).

Cristo tenía en mente la pesca con red. Ese es el tipo de pesca que hacían sus discípulos. Tirarían sus redes y trabajarían en equipo para recibir una gran pesca. Y de esto se trata el evangelismo en la célula.

La célula trabaja en conjunto para pescar. Oran, planifican y luego evangelizan juntos. Sí, cada persona hace su trabajo, pero se mueven juntos como un equipo.

Jesús tenía al grupo en mente cuando les dijo a sus discípulos, en Mateo 28: 18-20, que hicieran discípulos de todas las naciones. Recuerde que Jesús ya los había enviado de dos en dos a las casas y, en Mateo 28, estaba pidiendo que formaran nuevos grupos de discípulos. La implicación era que se reunirían en los hogares para hacer esos discípulos.

En mi libro *Haciendo Discípulos en el Siglo 21*, escribí un capítulo sobre cómo hacer discípulos a través del evangelismo. A medida que cada persona evangeliza en el grupo pequeño, se vuelven más como Jesús en el proceso. Debemos resistir la mentalidad de que el grupo solo se trata de compañerismo o comunidad. El evangelismo es esencial.

Algunas iglesias piensan que si la célula evangeliza, el grupo tendrá menos intimidad. Y por ese miedo, muchas células no evangelizan. Sin embargo, Jim Egli y yo escribimos el libro *Células Exitosas*. La investigación se basó en un cuestionario a líderes de todo el mundo.

Descubrimos que la célula crecía en intimidad y transparencia si el grupo estaba evangelizando. En otras palabras, los grupos que no evangelizaban no eran más íntimos y orientados a la comunidad. En realidad, el evangelismo ayuda al grupo en el proceso de desarrollar una intimidad y comunidad más profundas.

Tenemos buenas noticias para compartir. Jesús es el camino, la verdad y la vida (Juan 14:6). Cristo es la puerta para conocer al Padre. La célula es una forma bíblica de alcanzar a las personas para Jesús y crecer en el discipulado.

Preguntas para Reflexión

¿Cuál fue el principio central que aprendiste de esta lección?

¿Cuál es la relación entre discipulado y evangelismo?

¿Qué está haciendo tu grupo para evangelizar?

Recursos sugeridos

Libros

- *Comparte: Haz que Cristo Sea una Realidad para Otros (Lecciones 1, 2, 5 y 6)*
- *La Explosión de los Grupos Celulares en los Hogares: Cómo un Pequeño Grupo en Su Hogar Puede Crecer y Multiplicarse (Capítulos 1, 2 y 8)*
- *Cómo Dirigir un Grupo Celular con Éxito: Para Que la Gente Desee Regresar (Capítulo 8)*

**Artículos en Internet
(https://joelcomiskeygroup.com/es/recursos/)**

Discipulado: Crecimiento por Evangelismo
El Discipulado a través del Evangelismo de Grupo
Misiones: ¿Qué Es?
Misiones y La Iglesia Celular
Más Importante que la Iglesia Celular
Predicar el evangelio a todas las naciones
Evangelismo: La Prioridad Celular
Evangelismo: El Poder de Oración
Evangelismo: Equilibrio entre Evangelismo y
    Comunidad
No descuides el ejercicio de los músculos
    evangelísticos
Llegando a las personas durante el Covid-19

Descargar este PowerPoint

PowerPoint de Joel Comiskey sobre esta lección:

https://www.dropbox.com/s/b7qyqip8dgczdzv/
leccion9-evangelismGrupoBaseBiblica.

Evangelismo en la célula: estrategias para evangelizar

VIDEO DE YOUTUBE ▶

https://youtu.be/8B5WteIw564

El evangelio es la buena noticia de que Jesús, el Hijo de Dios, vino a esta tierra, vivió una vida perfecta y luego murió en la cruz por los pecados del mundo. Todo el que cree en él tendrá vida eterna (Juan 3:16). ¡Qué buena noticia!

Sabemos que el evangelismo en la célula es bíblico. A la vez, ¿Cómo podemos llegar de manera efectiva como célula?

El primer enfoque debe ser la oración. La oración es el oxígeno de la iglesia. La Biblia dice que solo Dios puede convertir un alma perdida. Se dice en 2 Corintios 4:4 que el dios de este mundo ha cegado los ojos espirituales de los que no creen. En otras palabras, Satanás ha engañado a los que no son cristianos para que no puedan ver la luz del glorioso evangelio de Jesús.

Una estrategia de oración que utilizan muchos grupos pequeños se llama la «lista de bendiciones». El líder le pide a cada miembro que les dé dos nombres de personas con las que está en contacto regularmente. Me refiero a amigos, parientes o compañeros de trabajo, aquellos a quienes los miembros conocen y con quienes tienen contacto frecuentemente. El líder toma esos nombres y los coloca en la lista general. La célula ora cada semana por esa lista. Mientras tanto, los miembros «bendicen» a las personas de la lista y oran para que Dios abra las puertas para compartirles el evangelio e invitarles a la célula.

Otra gran estrategia de oración es colocar una silla vacía en medio del grupo y orar por la personal que va a ocupar esa silla. Eso provoca que cada miembro imagine a alguien a quien le gustaría ver sentado en la silla. Luego haga que una o dos personas oren para que Dios llene la silla vacía.

Después de orar, la mejor manera para llegar a los inconversos es encontrar una necesidad y satisfacerla. David Cho, el pastor de la iglesia más grande en la historia del cristianismo, ha perfeccionado esta forma de evangelizar. Les dice a los líderes de las células que no le digan a la gente inmediatamente acerca de Jesús. Más bien, les dice que primero satisfagan sus necesidades. Ahora sabemos que satisfacer las necesidades de las personas no las salva, pero es una forma de suavizar sus corazones para que estén dispuestos a escuchar el evangelio.

Recuerdo a una mujer que entrevisté llamada Josefina, en El Salvador. Ella era una Testigo de Jehová que se resistía al mensaje del evangelio. Había una célula de Elim San Salvador que se reunía al lado de su casa. Les escuchaba adorar todos los sábados por la noche, pero no quería tener nada que ver con su mensaje. Pero luego los miembros comenzaron a acercarse a ella, preguntándole si podían ayudarla. Le preguntaron si podían cuidar voluntariamente a sus hijos para que ella pudiera ir a trabajar. Lentamente Dios abrió su corazón y ella fue a la célula y recibió a Jesús. Cuando hablé con ella, ya había abierto su propia casa para comenzar algunas células.

En mi libro *Comparte*, hablo de muchas otras estrategias. Por ejemplo, muchas células tienen barbacoas o picnics con el objetivo de invitar a aquellos que no conocen a Jesús. Otros planean ir a un evento deportivo e invitar a los que no conocen a Jesús. Otros colocan una mesa frente a un Walmart u otro lugar público y preguntan a las personas si necesitan oración, mientras reparten folletos evangelísticos.

A menudo les digo a los líderes y grupos que roten la célula en diferentes hogares para que los no cristianos se sientan más cómodos. Si la persona inconversa ha estado en la casa antes, estará más abierta para asistir al grupo en la casa de su amigo. La rotación es una excelente manera de abrir nuevas oportunidades de evangelismo.

Mientras que la célula ora y planifica estrategias juntos para evangelizar, Dios abrirá nuevas puertas para compartir el evangelio de Jesucristo. Tenemos un evangelio maravilloso y Dios quiere que pensemos continuamente en formas de compartirlo. La clave es planificar con oración como grupo para compartir las buenas noticias de Jesucristo.

Preguntas para Reflexión

¿Cuál fue el principio central que aprendiste de esta lección?

¿Qué estrategia de evangelismo funcionaría mejor en tu grupo?

Escribe dos nombres de inconversos más cercanos a ti. Empieza a orar diariamente por ellos, buscando maneras para alcanzarlos con el evangelio.

Recursos sugeridos

Libros

- *Comparte: Haz que Cristo Sea una Realidad para Otros (Lecciones 3, 4, 7 y 8)*
- *La Explosión de los Grupos Celulares en los Hogares: Cómo un Pequeño Grupo en Su Hogar Puede Crecer y Multiplicarse (Capítulos 4, 7 y 9)*
- *Cómo Dirigir un Grupo Celular con Éxito: Para Que la Gente Desee Regresar (Capítulo 8)*

Artículos en Internet
(https://joelcomiskeygroup.com/es/recursos/)

Evangelismo efectivo en los grupos pequeños
Oikos: ¿Qué Es?
Oikos: Desarrollar Relaciones Cercanas
Oikos: Cómo Evangelizar a los Oikos
Oikos: Los Impedimientos
Oikos: La Transformación
Usando la Lección para Evangelizar
Alcanzando a los Grupos Étnicos a través de su
  Ministerio Celular
Evangelismo de Santidad
Evangelismo: Estrategias de Oración
Evangelismo: Sin Muros
Evangelismo: No Descuidar el Tiempo de
  Testificar
Evangelismo: Crecer en la Comunidad
  Alcanzando a Otros
Evangelismo en grupo: Facilitar la célula para
  alcanzar a las personas
Invitando a Los Que No Tienen una Célula

Descargar este PowerPoint

PowerPoint de Joel Comiskey sobre esta lección:

https://www.dropbox.com/s/rq2d2fb9klc9pue/
leccion10-evangelismGrupoEstrategias.
pptx?dl=0

LECCIÓN 11

Multiplicación: hacer discípulos que hacen discípulos

VIDEO DE YOUTUBE ▶

https://youtu.be/ZAWi-KT2NV4

C uando comencé a estudiar el ministerio de grupos pequeños, pensé que el objetivo principal del grupo celular era el compañerismo, simplemente tener compañerismo con los miembros.

Pero luego comencé a estudiar iglesias basadas en células alrededor del mundo y noté que sus células evangelizaban y multiplicaban. Me di cuenta de que la multiplicación era un factor importante en las células y en las iglesias basadas en células. Escribí el libro *La Explosión de los Grupos en los Hogares* y *Explosión del Liderazgo* para describir lo que estaba notando.

Sin embargo, me di cuenta de que existía un peligro. Noté que era posible multiplicar y perder la calidad. Algunas iglesias y líderes estaban tan concentrados en la meta de la multiplicación que el grupo se multiplicaba antes de estar realmente listo para dar a luz. A veces, la presión por reproducirse llevó a los líderes a multiplicar células débiles.

Y la verdad es que yo mismo lo hice en varias ocasiones. Estaba demasiado interesado en la multiplicación en detrimento de producir discípulos calificados que produjeran discípulos. Por experiencia y observación he llegado a creer que hacer discípulos que hacen discípulos debe ser la razón principal detrás de la multiplicación de las células. Esto es lo que digo en mi definición de un grupo pequeño, una definición que siguen la mayoría de las iglesias celulares:

Grupos de 3 a 15 personas que se reúnen semanalmente fuera del edificio de la iglesia con el propósito de evangelizar, tener comunidad y crecer espiritualmente con el objetivo de hacer discípulos que hagan discípulos lo que resulta en la multiplicación del grupo.

El objetivo de esta definición es hacer discípulos que hagan discípulos, el objetivo no es multiplicar la célula. Escuché a un famoso pastor de una iglesia celular decir: «Las células sanas se multiplican». Entonces ¿qué hace que un grupo pequeño sea saludable?¿Cómo sucede esto?

En mi libro Haciendo discípulos en la Iglesia del siglo XXI, describo cómo la iglesia celular hace discípulos, tanto desde el punto de vista de la célula como desde el sistema celular.

A nivel de la célula los discípulos se forman a través de:

- Comunidad
- Sacerdocio de todos los creyentes
- Evangelismo
- Multiplicación

En el nivel del sistema celular, los discípulos se forman a través de:

- Celebración
- Capacitación
- Asesoramiento

Veamos la célula en más detalle:

La **comunidad** tiene un lugar muy importante en el desarrollo de discípulos. Los discípulos se forman a medida que practican el «uno a otro» de las Escrituras, aprenden a amar y servir a cada uno y a superar los conflictos entre ellos. A menos que los miembros en la célula madre hayan aprendido a amarse, la célula hija será disfuncional y manifestará los mismos problemas.

El **sacerdocio de todos los creyentes** también es una verdad esencial para practicar en la célula. Cada miembro necesita ejercitar sus dones en la célula, así como participar en cada función de la célula: rompehielo, adoración, la lección, y obras/testificar. En mi propia célula, rotamos cada aspecto de la célula entre el equipo de liderazgo, incluída la lección. Es por eso que la lección debe ser lo suficientemente simple para que la manejen todos (consulte el capítulo 4, *La mejor lección de célula*). Si los miembros no ejercitan sus músculos en la célula madre, no lo harán en la célula hija. Si los miembros no practican sus dones espirituales en la célula madre, no sabrán cómo hacerlo en la célula hija.

Evangelización. Sabemos que Jesús es el único camino al cielo y que el infierno es real. Debemos tener urgencia de compartir el evangelio. Sin embargo, otra motivación importante es que cada miembro puede ejercitar sus músculos al orar por su círculo de amigos no cristianos e invitarlos al grupo. Llegar a los incrédulos ayuda a los miembros de la célula a llegar a ser discípulos de Jesús. Para evangelizar, uno tiene que clamar a Jesús por ayuda y fortaleza, en el proceso, se llega a ser más como Cristo.

Sistema celular: Hay por lo menos tres aspectos del sistema celular:

- La celebración dominical también forma parte del sistema celular. Las células se unen para celebrar el domingo, escuchar la Palabra de Dios, y crecer en la visión celular para alcanzar un mundo perdido.
- La ruta de capacitación. Cada persona en la iglesia puede empezar la ruta del líder para llegar a ser un discípulo de Jesucristo. Cuando lo hagan, estarán listos para participar como parte del equipo de liderazgo en un nuevo grupo celular.

- El asesoramiento. Cada líder debe recibir asesoramiento para ministrar con efectividad. Cuando una persona se convierte en líder, recibe asesoramiento de su supervisor para crecer en su discipulado.

La multiplicación es el resultado de convertirse en discípulo de Jesucristo. Cuando un grupo se multiplica, significa que una nueva familia va a florecer y más miembros podrán participar en el liderazgo del equipo. A medida que se forman nuevos grupos, los miembros tienen la oportunidad de llegar a ser más como Jesús.

Preguntas para Reflexión

¿Cuál fue el principio central que aprendiste de esta lección?

¿Cómo sigue su grupo en el proceso de hacer disciplulos?

¿En qué área necesita trabajar más en el proceso de hacer discípulos?

Recursos sugeridos

Libro

    – *Haciendo Discipulos En La Iglesia del Siglo Veintiuno: Como La Iglesia Basada En Celulas Moldea a Los Seguidores de Jesus (Capítulos 2-9)*

Artículos en Internet (https://joelcomiskeygroup.com/es/recursos/)

El Discipulado a través de la Multiplicación
La Multiplicación es el Resultado de Hacer Discípulos
Multiplicación: Características de Células Sanas
Multiplicación: Ejemplo de Multiplicación
Multiplicación: A Largo Plazo
Vislumbrando Nuevos Grupos
Señales de que un Grupo Está listo para Multiplicar
Multiplicación: más y mejores discípulos a través de grupos pequeños

Descargar este PowerPoint

PowerPoint de Joel Comiskey sobre esta lección:

https://www.dropbox.com/s/eemabvquea05fc3/ leccion11-multiplcacionProcesoHacerDisci pulos.pptx?dl=0

LECCIÓN 12

Multiplicación: mitos y verdades

VIDEO DE YOUTUBE ▶

https://youtu.be/kWHFqSuyKFY

L as células nacen para multiplicarse, no para morir. El tema de la multiplicación es emocionante pero a la vez, está lleno de controversias. Muchos se resisten al ministerio celular debido a un énfasis excesivo en la multiplicación.

Escribí un libro llamado *Mitos y verdades del ministerio basado en células*. En ese libro presento varios mitos y verdades sobre la multiplicación celular. ¿Cuáles son esos mitos? Acá están algunos:

Todas las células deben multiplicarse en seis meses o cerrarse. Este era un mito común en los primeros días del movimiento de la iglesia celular. Recuerdo haber visitado una famosa iglesia celular dirigida por Werner Kniesel en Zurich, Suiza. Me dijo que varios gurús de células habían venido a su iglesia proclamando que todas las células necesitaban multiplicarse en seis meses. Werner me dijo: —se necesitan al menos dos años para multiplicar un grupo celular aquí en Zurich—. Werner guió pacientemente a su iglesia para hacer la transición y multiplicar las células y la iglesia se convirtió en una iglesia celular modelo para Europa.

Mi buen amigo Raymond Ebbet fue misionero en Bogotá, Colombia y luego en España. El notó que las células en Bogotá podían multiplicarse en seis meses, pero en España tomó años. ¿La diferencia? El suelo. El suelo de Bogotá estaba listo para producir la cosecha, pero el suelo de España era duro y seco con poca cosecha. Raymond notó que debemos aprender la condición del suelo cuando hablamos de la multiplicación.

La multiplicación de una célula significa que la gente está recibiendo a Cristo como su Salvador, madurando en la célula, y tomando la capacitación celular para convertirse en futuros líderes. Si nadie viene a Cristo muy pocos estarán equipados y no se formarán nuevos líderes.

En algunos países muchos reciben a Cristo, pasan por la capacitación, y se preparan para llegar a ser líderes de células. Necesitamos tener discernimiento, paciencia y evitar el dogmatismo que dice que todas las células deben multiplicarse en seis meses.

Solo hay una forma de multiplicar una célula.

En los primeros días del movimiento celular, la forma más común de multiplicar una célula era la multiplicación madre-hija. Cuando una célula crecía hasta cierto punto la mitad del grupo, junto con un equipo de liderazgo, salían a comenzar una nueva célula. El problema con este tipo de multiplicación era que cuando un grupo llegaba a cierto número, como quince, muchas de las personas dejaban de asistir por no querer «dividirse».

Otra excelente manera de multiplicar un grupo es plantar nuevas células. Tan pronto como un equipo toma la capacitación y se gradúa, ese equipo puede dejar la célula madre y comenzar una nueva célula, sin importar el tamaño del grupo madre.

Una de las formas más efectivas de multiplicar es que el líder del grupo tome uno o dos y plante una nueva célula. El líder que inició el grupo debe dejar atrás a los mejores y más maduros mientras que toma uno o dos para comenzar un nuevo grupo. Si bien la multiplicación madre-hija sigue siendo una excelente forma de multiplicar grupos, no es la única manera para hacerlo.

Un líder debe liderar más de un grupo.
Este mito es común en las iglesias grandes que tiene altas metas por cumplir. Para alcanzar las metas de fin de año les piden a los líderes que lideren más de un grupo. El problema con esto es que el objetivo no es tener más grupos, sino más líderes o discípulos. La estrategia de la iglesia celular consiste en levantar un ejército de discípulos que hagan discípulos, no grupos nuevos. Es mejor pensar en términos de un líder por grupo y no multiplicar hasta que se haya desarrollado otro líder.

El evangelismo es lo mismo que la multiplicación.
Escucho mucho esto cuando hablo de multiplicación. La gente iguala el evangelismo con la multiplicación. Sin embargo, la multiplicación es mucho

más que evangelización. Para multiplicar un grupo un líder tiene que hacer bien muchas cosas: evangelización, dinámica de grupos pequeños, resolución de conflictos, comunidad y participación total de los miembros. El evangelismo es simplemente un aspecto de la vida celular. Por lo tanto, cuando un líder haya multiplicado el grupo, esta persona debe ser honrada. Significa que haya hecho muchas cosas bien.

Cuanto más comprendamos los mitos y las trampas de la multiplicación, más éxito tendremos en evitar esos peligros comunes. Sí, la multiplicación es importante, pero el enfoque debe ser en preparar a más discípulos que hacen otros discípulos.

Preguntas para Reflexión

¿Cuál fue el principio central que aprendiste de esta lección?

¿Cuál es el mito más común en tu experiencia? ¿Cuál es en el grupo donde estás ahora?

¿De las diferentes maneras para multiplicar una célula, en tu experiencia, cuál es la más efectiva? ¿Y la menos efectiva?

Recursos sugeridos

Libros

- Mitos y Verdades de la Iglesia Celular:
  Principios Claves que Construyen
  o Destruyen un Ministerio Celular
  (Capítulos 3, 5, 6, 7, 8 y 9)

Artículos en Internet
(https://joelcomiskeygroup.com/es/recursos/)

No Fuerces la Multiplicación
Multiplicación: Mitos y Verdades
Evitar el Legalismo en la Visión Celular

Descargar este PowerPoint

PowerPoint de Joel Comiskey sobre esta lección:

https://www.dropbox.com/s/pjv3xy0oerbfj7y/
leccion12-multiplcacionMitosVerdades.
pptx?dl=0

LECCIÓN 13

Cualquiera puede liderar una célula y multiplicarla

VIDEO DE YOUTUBE ▶

https://youtu.be/s8xhgujMvEA

Cuando hago seminarios alrededor del mundo, me gusta lanzar la pregunta: ¿Cuáles son las razones que ha usado, o escuchado que otros usan, para no dirigir un grupo pequeño?

Recibo muchas respuestas como:

- No tengo suficiente educación
- No estoy preparado
- No tengo suficiente tiempo
- No tengo los dones adecuados

Las respuestas son tan variadas que nunca he podido catalogarlas.

Sin embargo, siempre he tenido curiosidad acerca de lo que realmente hace que un líder sea efectivo y que sea capaz de multiplicar una célula. Y esta fue parte de la razón por la que preparé una encuesta de 29 preguntas como parte de mi tesis doctoral en Fuller Seminario en Pasadena, California. Luego, pasé este cuestionario a 700 líderes de grupos pequeños en ocho países para determinar por qué algunos líderes pudieron multiplicar sus grupos y otros no.

La pregunta 27 decía: ¿Ha multiplicado su grupo? La pregunta 28 decía: ¿Cuándo fue la última vez que multiplicó su grupo? La pregunta 29 decía: ¿Cuántas veces ha multiplicado su grupo pequeño?

Las otras 26 preguntas eran variables independientes con preguntas sobre los dones del Espíritu Santo, educación, personalidad, etc. Luego comparé las 26 preguntas con las preguntas de multiplicación (# 27-29). Descubrí que definitivamente había razones claves para determinar por qué ciertos líderes podían multiplicar sus células. También descubrí razones que no tenían nada que ver con la multiplicación de células. Me gustaría compartir estas razones acá.

Personalidad

Al diseñar el cuestionario, conté con la ayuda de expertos para asegurarme de que pudiera extraer la verdadera personalidad de los encuestados. La encuesta mostró que la personalidad no era un factor en la multiplicación de células. En otras palabras, los extrovertidos no fueron más efectivos para liderar y multiplicar una célula.

Me sorprendió este resultado. Pensé que aquellos con personalidades más dinámicas serían más efectivos para liderar y multiplicar una célula. Sin embargo, la encuesta mostró que los tímidos eran igualmente efectivos en la multiplicación de células.

¿Por qué? Mi teoría es que las personas tímidas e introvertidas escuchan más, en lugar de hablar mucho. Debemos recordar constantemente que las células efectivas se enfocan en hacer discípulos que hacen discípulos, en lugar de depender de una sola persona. Esta idea debe animar a los líderes para permitir que Dios use la personalidad que les ha dado. Los mejores líderes de células dependen de Jesús para que les dé la fuerza y el poder para guiar el grupo. Jesús, no la personalidad, hace que los líderes celulares sean fructíferos.

Dones del Espíritu Santo

Antes de administrar esta encuesta, leí que David Cho, pastor de la iglesia más grande en la historia del cristianismo, creía que los que tenían el don del evangelismo podían multiplicar células con más frecuencia que otros líderes con diferentes dones. Esperaba confirmar lo que Cho había escrito. Pero encontré lo contrario. Descubrí que el don particular del líder no se relacionaba directamente con la multiplicación de la célula.

Los líderes enumeraron una variedad de dones, desde el don de la misericordia hasta la evangelización. Descubrimos que aquellos con el don de la misericordia eran tan efectivos como los que tenían el don de evangelismo o liderazgo. Un don espiritual en particular no se correlacionó con la multiplicación

Los líderes de células eficaces, por el contrario, movilizaban todos los dones presentes en la célula, en lugar de depender de sus propios dones. Todos tienen algo que aportar al propósito de hacer discípulos que hacen discípulos.

No cometa el error de pensar que necesita tener un don en particular para facilitar eficazmente una célula. Confíe en el Espíritu de Dios e identifique los dones de cada miembro de la célula.

Educación

Muchos dudan de sí mismos por pensar que no tienen suficiente educación para liderar y multiplicar una célula. Mi encuesta a 700 líderes de células mostró una gran variedad de niveles de educación, desde personas que no habían terminado su sexto grado hasta personas con nivel doctoral. Sin embargo, no hubo ninguna correlación entre la educación y la multiplicación.

De hecho, la tendencia fue que aquellos con menos educación multiplicaban más, aunque la correlación no fue lo suficientemente significativa estadísticamente para resaltar este punto.

Volvemos a este punto importante: Jesús es quien da sabiduría y unción del Espíritu Santo al líder, no el conocimiento. Y los que tienen mucha educación no deben depender de ella. Deben confiar en Jesús, y solo en Él, para dar la gracia para movilizar eficazmente a toda la célula en el proceso de hacer discípulos que hagan discípulos que resulte en la multiplicación.

Género del líder

¿Los hombres multiplican la célula más que las mujeres? ¿O viceversa? La encuesta no mostró ninguna correlación entre la multiplicación de las células y el género. Un ejemplo es la iglesia de David Cho: más del 70% de los líderes de células en la Iglesia del Evangelio Completo de Yoido (la iglesia más grande en la historia del cristianismo) son mujeres.

Conclusión

Estos factores y otros apuntan a lo siguiente: cuando un líder está lleno del Espíritu y confía en Jesucristo puede llevar efectivamente a una célula a la multiplicación.

Las Escrituras nos dicen que en nuestra debilidad Jesús se hace fuerte (1 Corintios 12:9). Juan 15:1-5 nos recuerda que Jesús es la vid y que nosotros somos los pámpanos. Si dependemos de él, daremos mucho fruto. Él nos dará la victoria.

Preguntas para Reflexión

¿Cuál fue el principio central que aprendiste de esta lección?

¿Cómo la encuesta de 700 líderes te anima para facilitar tu célula?

¿Cómo has corregido errores en tu pensamiento?

¿Qué vas a hacer diferente en tu liderazgo?

Recursos sugeridos

Libros

- *La Explosión de los Grupos Celulares en los Hogares: Cómo un Pequeño Grupo en Su Hogar Puede Crecer y Multiplicarse (Capítulo 3)*
- *Dirige: Guía un Grupo Pequeño a Experimentar a Cristo (Lección 4)*

Artículos en Internet (https://joelcomiskeygroup.com/es/recursos/)

Capítulo 9: Multiplicación Celular
Capítulo 10: Resumen, Recomendaciones y Conclusiones
Todos Son Líderes: No Pase Por Alto a Nadie

Todos Son Líderes: El Líder Perfecto No Existe
Todos Son Líderes: Viendo el Potencial en Todos
Sacerdocio del Creyente: Deja ir a mi gente

Descargar este PowerPoint

PowerPoint de Joel Comiskey sobre esta lección:

*https://www.dropbox.com/s/idhs76vr2u2y2fa/
leccion13-cualquieraPersonaPuedeDirigir.
pptx?dl=0*

LECCIÓN 14

Oración: clave en la multiplicación de las células

VIDEO DE YOUTUBE ▶

https://youtu.be/NQCWV9wuwMQ

Creo que cualquiera persona puede liderar una célula y multiplicarla. El liderazgo efectivo no depende de la personalidad, un don específico, la educación o el género. Sin embargo, en nuestro estudio de 700 líderes en ocho países, notamos un factor importante que se correlacionó precisamente con la multiplicación: la oración.

La oración fue la clave en determinar si el líder podía multiplicar la célula. Esta es la pregunta que se hizo: ¿Cuánto tiempo invierte en su devocional diario? (por ejemplo, oración, leer la Biblia, etc.). La pregunta fue clara y directa. Nos referíamos al tiempo devocional. Recibimos diferentes respuestas. Nota el porcentaje del tiempo invertido en el devocional:

Tiempo dedicado al devocional	Porcentaje de encuestados
0-15 minutos	11.7%
15-30 minutos	33.2%
30 minutos a 1 hora	33.8%
1 a 1 ½ horas	7.6%
1 ½ horas +	13.7%

Después de analizar los datos, descubrimos una clara correlación entre el tiempo pasado con Dios y la capacidad del líder para multiplicar su grupo celular.

La encuesta no dijo por qué el tiempo devocional se correlacionó con la multiplicación de célula, pero podemos suponer la respuesta. Los líderes que pasaban más tiempo a solas todos los días pudieron escuchar a Dios acerca de su célula. Dios les mostró como animar a los tímidos y silenciar a los que hablan demasiado. Jesús los llenó y les dio una idea de cómo hacer discípulos que hacen discípulos. El resultado fue la multiplicación de sus células.

Jesús dijo en Mateo 6:6: «Pero tú, cuando te pongas a orar, entra en tu cuarto, cierra la puerta y ora a tu Padre, que está en lo secreto. Así tu Padre, que ve lo que se hace en secreto, te recompensará» (NVI).

Note que Jesús dice «cuándo». Está hablando de un momento específico y fijo para pasar tiempo con Dios cada día. Es cierto que necesitamos orar continuamente durante todo el día (1 Tesalonicenses 5:16). A la vez, Jesús nos dice que debemos tener un tiempo específico. Muchos han nombrado este tiempo *el tiempo devocional o tiempo a solas*. Durante este tiempo específico, le pedimos a Dios que nos llene, nos alimente de su Palabra y respondemos en adoración. Tenemos el privilegio de pasar tiempo con Él todos los días.

Note que Jesús nos dice en Mateo 6:6 que debemos cerrar la puerta. ¿Qué significa eso? Se refiere a excluir el ruido y las distracciones. No hay duda de que debemos orar durante todo el día, incluso en situaciones ruidosas. Pero en nuestro tiempo devocional personal debemos buscar lugares donde podamos estar libre de distracciones, tanto como sea posible.

Jesús nos dice que el Padre recompensará a quienes lo busquen en privado y eso es lo que estaba notando en mi encuesta a 700 líderes de células. El Padre celestial los estaba ayudando a multiplicar sus células. Les estaba dando fuerza y poder para hacerlo.

El liderazgo celular puede traer desánimo. Las personas invitadas no se presentan, o tal vez el líder ha tenido un día difícil con muchas pruebas. Y por supuesto, el enemigo de nuestras almas, Satanás y sus demonios, ataca a los líderes de células y trata de desanimarlos hasta el punto de dejar el grupo. Pablo dice: «Porque nuestra lucha no es contra seres humanos, sino contra poderes, contra autoridades, contra potestades que dominan este mundo de tinieblas, contra fuerzas espirituales malignas en las regiones celestiales» (Efesios 6:12, NVI).

Los que estaban pasando tiempo con Dios cada día recibieron fuerza para vencer al enemigo y mantener el ánimo en la vida cristiana. Cuando se sintieron agotados y desanimados, regresaron al Dios del universo que los refrescó y les dio fuerzas.

Mientras que estoy dictando seminarios en todo el mundo, constantemente les digo a los líderes de células que tengan su tiempo a solas. Pasar tiempo a solas todos los días con Jesucristo es un factor clave en la multiplicación. Tengo dos libros sobre este tema: *Una Cita Con El Rey* y *Crece: Profundiza Tu Relación con Cristo*. Ambos libros se centran en cómo tener un tiempo devocional con Dios diariamente.

Otra pregunta de mi encuesta fue la frecuencia con la que el líder oraba por los miembros. La frecuencia con la que el líder oraba por los miembros estaba directamente relacionada con la multiplicación de la célula. Las respuestas fueron variadas. Algunos líderes no oraban por los miembros. Algunos oraron una vez al mes o cada 15 días. Pero los líderes que oraban diariamente por los miembros de su célula tenían muchas más probabilidades de multiplicar sus células que aquellos que solo oraban ocasionalmente.

La investigación no nos dijo por qué esto es cierto, pero podemos suponer que los líderes que oraban continuamente por sus miembros desarrollaron una autoridad espiritual y una relación espiritual en sus vidas. Cuando los líderes estuvieron con los miembros, pudieron ministrar de manera más efectiva. Pablo dijo a los creyentes Colosenses: «Aunque estoy físicamente ausente, los acompaño en espíritu, y me alegro al ver su buen orden y la firmeza de su fe en Cristo» (Colosenses 2:5, NVI). Pablo estuvo presente con ellos a través de la oración.

Líder, tómate el tiempo para orar diariamente por los miembros de la célula. A medida que lo haces, aumentará tu autoridad y eficacia. Dios te dará la gracia de liderar y multiplicar tu célula. El liderazgo eficaz de células proviene de Jesús. Él es quien lleva el fruto y la sabiduría. Mientras los líderes pasan tiempo con Él, Jesús los hará fructíferos, glorificará el nombre del Padre y llenará la tierra de discípulos que hacen discípulos para su gloria.

Preguntas para Reflexión

¿Cuál fue el principio central que aprendiste de esta lección?

¿Cómo sigue tu tiempo devocional ahora?

¿Qué puedes hacer para mejorar tu tiempo devocional? ¿Oración por los miembros?

Recursos sugeridos

Libros

- *Una Cita con El Rey: Ideas para Dinamizar la Vida Devocional*
- *Crece: Profundiza Tu Relación con Cristo*
- *La Explosión de los Grupos Celulares en los Hogares: Cómo un Pequeño Grupo en*

Su Hogar Puede Crecer y Multiplicarse (Capítulo 3)
– *Cómo Dirigir un Grupo Celular con Éxito: Para Que la Gente Desee Regresar (Capítulo 1)*

Artículos en Internet (https://joelcomiskeygroup.com/es/recursos/)

Cómo Cuidar su Vida Espíritual Diariamente
La Vida Espiritual del Líder
Pidiendo a Dios que Se Ocupe de Nuestras Áreas Oscuras
Comenzando bien el año con Jesús
Evitando errores comunes en los momentos de comunión con Dios
Oración: La Solución Total
Oración: Tipos de Oración
Oración: Obstáculos y Cómo Superarlos
Oración: Cómo Sostenerla

Descargar este PowerPoint

PowerPoint de Joel Comiskey sobre esta lección:

https://www.dropbox.com/s/ t196bn0sxtez1a4/leccion14-oraci%C3%B3nClaveMultiplicacion. pptx?dl=0

Diligencia: factor clave en la multiplicación de células

VIDEO DE YOUTUBE ▶

https://youtu.be/pAGvuCQd4xU

En mi estudio de 700 líderes de células en ocho países descubrí que la oración fue clave en la multiplicación de las células. Pero hubo otros factores como la importancia de establecer metas, establecer un equipo en el grupo, y tener reuniones fuera de la célula para fortalecer la comunidad. Pero estas otras razones para la multiplicación se pueden resumir en la palabra *diligencia*.

Después de realizar la investigación, uno de mis profesores en Fuller Seminario me dijo: —Joel, parece que lo que encontraste en tu investigación es que aquellos que oran y trabajan duro pueden liderar y multiplicar sus células—. Pensé: —Eso es todo lo que descubrí. ¿Pagué todo este dinero para descubrir eso?—. Muchas veces Dios usa fórmulas muy simples, aquellas que pasamos por alto. Lo que el estudio indica es que el liderazgo fructífero que resulta en la multiplicación tiene dos características importantes: oración y diligencia.

La palabra griega para diligencia es *spoudé*. Esta palabra significa movimiento rápido en interés de una persona o causa. Podemos ver la palabra *spoudé* usada en varios versículos de la Biblia como, 2 Timoteo 2:15 que dice: «Esfuérzate [spoudé] por presentarte a Dios aprobado, como obrero que no tiene de qué avergonzarse y que interpreta rectamente la palabra de verdad». Hebreos 4:11 también dice: «Esforcémonos [spoudé], pues, por entrar en ese reposo, para que nadie caiga al seguir aquel ejemplo de desobediencia».

Los líderes efectivos oran y trabajan. Cuando quieren darse por vencidos, vuelven a la oración para recibir ánimo y sabiduría para continuar trabajando. Los peores líderes piensan que hay solo una manera para multiplicar su grupo y cuando no funciona, se dan por vencidos.

Los líderes que practican *spoudé* buscan soluciones para su grupo en el proceso de hacer discípulos que hacen otros discípulos. Recuerdo que un líder me dijo: —Joel, no tengo el don de hacer llamadas telefónicas—. Quería decirle —¿Quién tiene el don de hacer llamadas telefónicas?— Solo hazlo. Simplemente levantas el teléfono y dices: —Nancy, noté que no estabas en el grupo anoche. ¿Cómo puedo orar por ti?—

Nike hizo famoso el eslogan *Solo hazlo*. Y esto es tan cierto en el caso de los líderes que multiplicarán sus células. Si invitan a cinco personas y nadie aparece, continúan invitando a otros. Si se desaniman, como lo hacen todos los líderes de células, regresan a Jesús en oración y le piden que los llene del Espíritu Santo.

Si invitan a la gente a una barbacoa y la gente no se presenta, pueden mostrar una película cristiana e invitar a la gente a verla, realizar un evento especial para los pobres o ir juntos a ver un evento deportivo.

La verdad es esta: el estudio reveló que no existía una fórmula secreta o mágica. O sea, los líderes efectivos son como pioneros que prueban lo que funciona en cada contexto. La clave es oración y *spoudé*.

Thomas Edison, un famoso en Los Estados Unidos inventó el foco eléctrico, pero en el proceso falló 2000 veces. Un periodista le preguntó: —¿No te sentiste fracasado?— Él le explicó que estaba 2000 pasos más cerca de lograrlo. Lo mismo sucede con los líderes celulares que son efectivos. Los líderes fructíferos de células continúan orando y trabajando. Le piden a Jesús por su gracia y sabiduría.

Como parte de mi investigación de células exitosas, visité una famosa iglesia basada en células en Louisiana. Una noche asistí a una célula que celebraba una fiesta de multiplicación, estaba llena de personas y había un pastel de cumpleaños para celebrar el nuevo nacimiento. El líder estaba tan emocionado y orgulloso. El supervisor estuvo presente, junto con el pastor de zona. Tuvimos una barbacoa maravillosa esa noche, estilo sureño: gumbo, costillas, y todo.

Pero cuando solo había platos sucios en la cocina y todos se habían ido, me acerqué al líder de la célula y le pregunté: —¿Qué hiciste para llegar a este punto de multiplicación?— Me respondió: —Joel, estaba a punto de cerrar este grupo hace nueve meses, pero continué orando e invitando a la gente. Un joven vino al grupo, recibió a Jesús y comenzó a invitar a todos sus amigos. Aquí estamos listos para multiplicar—.

Entonces no lo sabía, pero ahora sé que la palabra era *spoudé*. No se rindió, siguió orando y trabajando hasta que multiplicó su grupo. Y esa es la misma verdad que Dios quiere que entendamos hoy: oración y *spoudé*.

Jesús te ayudará a liderar y multiplicar tu grupo. Solo recuerda, oración y *spoudé*.

Preguntas para Reflexión

¿Cuál fue el principio central que aprendiste de esta lección?

¿Cómo puedes aplicar el concepto de *spoudé* a tu liderazgo celular?

¿Por qué la oración y *spoudé* deben funcionar juntos?

Recursos sugeridos

Libros

- *Explosión de Liderazgo: Cómo Preparar Líderes para Multiplicar Los Grupos Celulares (Capítulo 5)*
- *Dirige: Guía un Grupo Pequeño a Experimentar a Cristo (Capítulo 6)*

**Artículos en Internet
(https://joelcomiskeygroup.com/es/recursos/)**

La importancia de Diligencia en la vida del Líder

Descargar este PowerPoint

PowerPoint de Joel Comiskey sobre esta lección:

*https://www.dropbox.com/s/
dx6fbduo66mny93/leccion15-
diligenciaClaveMultiplicacion.pptx?dl=0*

LECCIÓN 16

Prácticas de líderes de células efectivos

VIDEO DE YOUTUBE ▶

https://youtu.be/_oV72iOn8Hg

S abemos que la oración y la diligencia se corresponden con la multiplicación de las células. En mi estudio de 700 líderes de células en 8 países, descubrí que aquellos líderes que oraban y trabajaban con diligencia podían multiplicar sus grupos con más frecuencia.

Sin embargo, ¿en qué áreas debe el líder practicar la diligencia? El estudio señaló tres áreas:

comunidad, evangelismo y desarrollo de nuevos líderes.

Comunidad

Los grupos que tenían más comunidad también se multiplicaban más rápidamente. Medimos esto por las reuniones externas, es decir, la frecuencia con que los miembros pasaban juntos fuera del grupo. Los grupos que pasaban más tiempo juntos también eran grupos que se multiplicaban más rápidamente.

Jesús y los escritores del Nuevo Testamento a menudo hablaban de practicar el «unos a otros». Con frecuencia hablan de amarse y de servirse «unos a otros». La célula es el lugar perfecto para practicar estas verdades, y estos principios no solo se deben practicar dentro del grupo sino entre los miembros durante la semana. O sea, la intimidad establecida en la célula debería florecer fuera del grupo a medida que los miembros profundizan sus relaciones.

Un líder me dijo: —Joel, no sé si puedo seguir liderando el grupo. Simplemente no tengo tiempo para desarrollar todas las relaciones—. Le respondí: —Dios no te está llamando a desarrollar todas las relaciones, simplemente quiere que animes a los demás a hacerlo—. Es maravilloso cuando los miembros salen a tomar un café juntos, se dividen en grupos de dos o tres para crecer en la fe, comen juntos y otras actividades. En mi libro *el Discípulo Relacional* hablo sobre la importancia de enfatizar relaciones entre los miembros de la célula.

Evangelismo como un equipo

Los grupos más efectivos fueron los que invitaron a sus amigos inconversos al grupo. Estos mismos grupos son los que practican comunidad profunda entre los miembros. O sea, es posible enfatizar el evangelismo y la comunidad. Mientras que los miembros alcanzan a sus amigos e invitados, crecen en comunidad en el proceso. Es como soldados en una guerra donde hay un objetivo claro: derrotar al enemigo. Los soldados llegan a ser amigos íntimos en el transcurso de la batalla. Los miembros de la célula también crecen en relaciones profundas mientras están alcanzando a los que no conozcen a Jesús.

Los grupos que participaron en mi estudio, que invitaron a otros, tenían muchas más probabilidades de multiplicar sus grupos. Jesús quiere llegar a otros a través del grupo. El propósito de una célula es cumplir la gran comisión (Mateo 28:18-20) y llevar las buenas noticias del evangelio a los que no conozcen a Jesús.

Cuando Cristo dijo a sus discípulos que iba a hacerles pescadores de hombres (Mateo 4:19), estaba hablando de pescar con una red, no con una caña de manera individual. En aquel entonces, los discípulos pescaban con redes y lo hacían juntos. En mi libro *Comparte* hablo del evangelismo en general, pero también enfatizo el aspecto del evangelismo como grupo.

Desarrollar nuevos líderes

Las Escrituras nos dicen en Mateo 9 que Jesús se llenó de compasión al mirar a la multitud. Luego les dijo a sus discípulos: «A la verdad, la mies es mucha, pero los obreros son pocos. Rogad, pues, al Señor de la mies, que envíe obreros a su mies» (Mateo 9: 37-38).

En este pasaje, Jesús está diciendo que una de las principales razones por las que la cosecha no se recoge es la falta de obreros. Las células son un lugar maravilloso para desarrollar futuros líderes y obreros. Fue en una célula donde Jesús preparó a los discípulos que cambiarían al mundo. La iglesia primitiva se reunía en los hogares y desarrollaba el liderazgo de esos hogares.

Me encanta la ilustración de Pedro caminando hacia Jesús sobre el agua (Mateo 14:22-33). Pedro quería venir a Jesús sobre el agua y Jesús le dio a

Pedro el permiso para hacerlo. Jesús no rechazó el deseo de Pedro, sino lo animó a intentarlo. Sí, Pedro se hundió en la duda, pero Jesús estaba allí para levantarlo. A Jesús le encanta cuando animamos a los miembros a usar sus dones y talentos.

Los líderes de células eficaces animan a los miembros a participar en cada aspecto de la célula. Estos líderes fructíferos animan a los miembros a usar sus músculos y crecer en el proceso. No hay duda que los miembros van a equivocarse y cometer errores en el proceso. De hecho, aprendemos en el proceso de arriesgarnos y reflexionar.

Preguntas para Reflexión

¿Cuál fue el principio central que aprendiste de esta lección?

¿De estas tres prácticas de los grupos que multiplican, cuál es la práctica más débil en tu célula ahora?

¿Qué vas a hacer para implementar las tres prácticas en tu célula?

Recursos sugeridos

Libros

- *Explosión de Liderazgo: Cómo Preparar Líderes para Multiplicar Los Grupos Celulares (Capítulos 1-4 y 7-14)*
- *La Explosión de los Grupos Celulares en los Hogares: Cómo un Pequeño Grupo en Su Hogar Puede Crecer y Multiplicarse (Capítulo 6)*

Artículos en Internet (https://joelcomiskeygroup.com/es/recursos/)

Desarrollar a Los Líderes desde Adentro: Introducción
Desarrollar a Los Líderes desde Adentro: Levantar a Los Misioneros
Desarrollar a Los Líderes desde Adentro: Más Líderes
Desarrollar a Los Líderes desde Adentro: Tomar el Tiempo Necesario
De Líder a Hacedor de Discípulos
El Poder del Ministerio en Equipo
El Equipo: La Importancia
El Equipo: Desarrollar Los Líderes
El Equipo: La Reunión
El Equipo: Arreglar Las Redes
El Equipo: Comparte la carga

Descargar este PowerPoint

PowerPoint de Joel Comiskey sobre esta lección:

https://www.dropbox.com/s/g9iz3s3jltmfsue/ leccion16-practicasMultiplicacion. pptx?dl=0

LECCIÓN 17

Células Exitosas: empoderamiento y comunidad

VIDEO DE YOUTUBE ▶

https://youtu.be/PBcDpJk9ins

A menudo tenemos conceptos erróneos sobre las células eficaces. Por ejemplo, podríamos asumir que el líder es la clave detrás de las células exitosas. O podríamos pensar que los grupos que sobresalen en la comunidad no son muy efectivos en la evangelización.

111

Jim Egli y yo realizamos una encueta entre 1800 líderes en cuatro países e idiomas para descubrir cuales eran los factores detrás de las células exitosas. Descubrimos ocho sorpresas distintas que resaltamos en nuestro libro *Células Exitosas*. Una de esas sorpresas tuvo que ver con el empoderamiento de los miembros. La otra resaltó la relación entre comunidad y evangelismo.

Con respecto al empoderamiento de los miembros, descubrimos que los mejores grupos eran aquellos en los que los miembros tomaban más posesión del grupo. Fue el grupo de los miembros y no el grupo del líder. Descubrimos, por ejemplo, que los grupos en los que los miembros asumieron más responsabilidades tenían muchas más probabilidades de multiplicarse.

También notamos que las células más efectivas en el evangelismo eran las que tenían más participación de sus miembros.

Hubo un factor muy negativo en cuanto a la salud del grupo. Los líderes que estaban de acuerdo con la declaración «me gusta hacer todo por mi mismo», dirigían las células con menos salud. O sea, hacer todo por ti mismo es la sentencia de muerte para las células.

Lo mejor que un líder puede hacer es empoderar a los miembros para que participen en la célula. La clave es ayudar a los miembros a cambiar la mentalidad del «grupo del líder» a «nuestro grupo». ¿Cómo puede el líder hacer esto? Una manera es dar responsabilidades a los miembros en el grupo cada semana. Permita que Jorge dirija el tiempo de oración, pídale a María que dirija la adoración y a Juan que dirija la lección.

Los mejores grupos rotan entre el equipo de liderazgo para asumir los diferentes aspectos del grupo. Líder, no hagas todo por ti mismo. Prepara a los demás, ofreciéndoles mucho ánimo. Tu grupo va a tener más salud y efectividad como resultado.

El líder debe recordar la palabra *facilitar*. Facilitar tiene que ver con empoderar a los miembros. El líder es clave para crear esa atmósfera de empoderamiento.

De hecho, la célula de Jesús, con los doce, fue un grupo muy dinámico. Los discípulos podían preguntar, arriesgarse, expresar dudas y participar en todo. Aun los discípulos podían fracasar y aprender de sus experiencias. La gente crece de esta manera.

Otra sorpresa fue como la comunidad fue un factor positivo para el evangelismo. Descubrimos que los grupos que eran fuertes en comunidad también eran más efectivos en la multiplicación y en cuidar a los nuevos convertidos.

Esto fue una sorpresa para mí porque durante mucho tiempo pensé que si un grupo se volvía demasiado íntimo se estancaría y perdería su efectividad. Este estudio confirmó que los grupos con más intimidad también fueron más efectivos para multiplicar y mantener a sus miembros.

Debo admitir que en el pasado multipliqué grupos demasiado rápido, pensando que tenía que multiplicar después de un cierto período de tiempo. Sin embargo, muchos de estos grupos no continuaban por no tener relaciones sólidas y líderes bien preparados. Desde entonces aprendí a priorizar la comunidad, sabiendo que las células exitosas son grupos íntimos. Son la familia de Dios.

Mi esposa es un ejemplo excelente de cómo multiplicar células. ¿Su secreto? He notado que Celyce se concentra en las relaciones y el amor entre los miembros. Sus grupos se multiplican de forma natural.

También analizamos el impacto de la comida en el grupo y encontramos que la comida se correlacionaba con la salud del grupo. O sea, la comida se conecta con la intimidad y comunidad en el grupo. Esto no significa que cada grupo deba tener una comida completa en cada reunión. De hecho, descubrimos que es mejor crear variedad en la reunión. Por ejemplo, una semana el grupo puede comer juntos una comida completa y la próxima semana solo tener un refrigerio ligero. La variedad es importante en el ministerio de células.

El empoderamiento y la comunidad son aspectos esenciales para convertir a los miembros en ministros y continuar el proceso de hacer discípulos que hacen discípulos para la gloria de Cristo.

Preguntas para Reflexión

¿Cuál fue el principio central que aprendiste de esta lección?

¿De las dos sorpresas en esta lección cuál es la sorpresa que necesitas practicar más?

¿Cómo vas a practicar estas dos sorpresas en el grupo? ¿Cuál es tu plan?

Recursos sugeridos

Libros

- *Células Exitosas: 8 Hallazgos Sorprendentes sobre Grupos Celulares que Florecen Capítulos 1-4)*

Familia: La Imagen Más Importante en la Biblia
Mito: No te acerques demasiado a las personas de
*   la célula*
La Comunidad es Algo Bueno
Más que Evangelismo: La Importancia de la
*   Comunidad*
La Iglesia como la Familia de Dios
Teología: La Familia de Dios (capítulo 3
*   de Fundamentos)*
Teología: La Casa en la Iglesia Primitiva (capítulo
*   5 de Fundamentos)*
El Discipulado a través de la Comunidad
Comunidad y Los Unos a Otros

Descargar este PowerPoint

PowerPoint de Joel Comiskey sobre esta lección:

https://www.dropbox.com/s/7lye9anobl3f1kl/
*   leccion17-celulasExitosasEmpoderamiento*
*   Comunidad.pptx?dl=0*

Células Exitosas: transparencia y adoración

VIDEO DE YOUTUBE ▶

https://youtu.be/7r5akTr0v_o

Recuerdo haber liderado un grupo en el que le pedí a cada miembro que invitara a un amigo al grupo. Una de los miembros dijo frente a todos: —Joel, estoy aquí en este grupo porque quiero compartir lo que está sucediendo en mi vida y, realmente, no quiero que haya gente nueva en el grupo—.

Me sorprendí mucho pero expliqué al grupo que queremos profundizar en nuestra comunidad y a la vez invitar a personas nuevas al grupo. La semana siguiente hablé con ella en privado. Le dije nuevamente que el propósito del grupo era compartir abiertamente como miembros, pero a la vez invitar a los que no conocen a Cristo. Básicamente, le expliqué el ADN de nuestro grupo.

La Relación entre Transparencia y Evangelismo

¿Cuál es la relación entre compartir con transparencia y evangelismo? Jim Egli y yo tuvimos la oportunidad de probar estadísticamente la correlación entre transparencia y evangelismo. Encuestamos a 1800 líderes de células en cuatro grupos de idiomas: mandarín (China), español (América Latina), portugués (Brasil) e inglés (América del Norte).

Hicimos varias preguntas sobre el nivel de transparencia e intimidad en la célula y si el grupo estaba evangelizando. Sabemos que algunos grupos se cierran para los inconversos para compartir con más intimidad entre los creyentes. Estos grupos cerrados piensan que van a poder profundizar más si las mismas personas están allí semana tras semana.

Sin embargo, ¡descubrimos que las células que estaban evangelizando eran las que tenían más intimidad! O sea, los miembros en las células con puertas abiertas para los inconversos compartían sus luchas más frecuentemente que los grupos cerrados a las personas nuevas. En otras palabras, ¡los grupos cerrados para otras personas eran menos íntimos!

La realidad es que los cristianos no son perfectos, simplemente perdonados. Son mendigos que comparten con otros mendigos dónde conseguir pan. Richard Peace en su libro *Evangelismo en el Grupo Pequeño* habla sobre el poder del compartir transparentemente para atraer a los no cristianos. Él habla de que la evangelización en la célula es un evento progresivo y continuo, naturalmente hasta que el inconverso recibe a Cristo—y aún más allá de esto.

Recuerdo a una miembro que sentía la libertad de compartir sus luchas y resistencia a la religión. El resto del grupo simplemente la escuchó y la amó. Una noche le compartí 15 minutos del video *Jesús* y ella gritó: —Estoy confundida—. El resto del grupo simplemente la amaba y dos semanas después esta persona recibió a Jesús como su Señor y Salvador. Continuó asistiendo al grupo, que se había convertido en su familia. Pasó por la capacitación de la iglesia y finalmente se convirtió en líder de un grupo pequeño.

Adoración y evangelismo

¿La adoración obstaculiza el evangelismo y el alcance? Les preguntamos a los líderes si incluían o no canciones para la adoración en sus grupos. Descubrimos que los grupos que incluían la adoración también eran más efectivos para llegar a los no creyentes.

Nos enfocamos en las canciones de adoración, pero la adoración obviamente también incluye oración, lectura de las Escrituras, silencio y más.

Lo que descubrimos es que los no cristianos quieren experimentar a Dios. Están en el grupo para encontrar a Dios y no debemos esconderlo. La adoración es parte de esa experiencia.

Este estudio me ha ayudado a priorizar la adoración en la célula. Principalmente la adoración glorifica a Dios, pero ahora me doy cuenta de que los no cristianos también se sienten atraídos con ella.

Hoy día hay muchos recursos para adorar en las células. Podemos invitar a Hillsong o a Marcos Witt a nuestras células a través de YouTube. Animo a los líderes a asegurarse de que los recién llegados puedan ver las letras de las canciones, ya sea en una pantalla o en hojas impresas.

He resaltado dos sorpresas en esa lección pero hay más sorpresas en nuestro libro *Células Exitosas*.

Creo que este libro puede ayudarte a tener una célula exitosa que haga discípulos que hacen discípulos.

Preguntas para Reflexión

¿Cuál es la verdad central que has aprendido de esta lección?

¿Cómo has priorizado la adoración en el grupo?¿Cómo te ha animado esta lección a priorizar la adoración en la célula?

¿Qué has descubierto sobre la evangelización y el compartir transparentemente en la célula?

¿Cómo cambió esta lección tu forma de pensar?

Recursos sugeridos

Libros

– *Células Exitosas: 8 Hallazgos Sorprendentes sobre Grupos Celulares que Florecen (Capítulos 5-8)*

Artículos en Internet
(https://joelcomiskeygroup.com/es/recursos/)

Células que Honran a Dios
Adoración: Los Detalles
Adoración: Las Personas Quieren Experimentar
a Dios
Adoración: Vale la Pena Incluir Cantos de
Adoración en la Célula
Transparencia: No Esconderse Detrás del Estudio
Bíblico
Transparencia en el Ministerio Celular
Asesinos de Transparencia
Transparencia: Liderando el Camino
Discipulado: Crecimiento por Compartir
Transparente
Evangelismo de Santidad

Descargar este PowerPoint

PowerPoint de Joel Comiskey sobre esta lección:

https://www.dropbox.com/s/s4ux8wr0dwkfqes/
leccion18-celulasExitosasTransparenciaAd
oracion.pptx?dl=0

www.ingramcontent.com/pod-product-compliance
Lightning Source LLC
LaVergne TN
LVHW051418080426
835508LV00022B/3139